HOMMAGES
À
JEAN-LOUIS FERRARY

HOMMAGES
à
JEAN-LOUIS FERRARY

Sous la direction
de
Cecilia D'Ercole, Clara Berrendonner,
François Chausson et Ivana Savalli-Lestrade

PARIS
LES BELLES LETTRES
2024

95, boulevard Raspail, 75006 Paris.
www.lesbelleslettres.com

ISBN : 978-2-251-45684-3

Jean-Louis Ferrary

Sommaire

Hommages à Jean-Louis Ferrary

Dario Mantovani, John Scheid

INTRODUCTION

Les discours publiés dans ce Cahier ont été prononcés à l'occasion de l'Hommage institutionnel rendu à Jean-Louis Ferrary le 16 septembre 2021, à la Fondation Simone et Cino del Duca à Paris.

Son décès, survenu le 9 août 2020 à la suite d'une maladie impitoyable et stoïquement supportée, a laissé un vide énorme. Un sentiment s'est diffusé presque immédiatement : la prise de conscience que ses talents exceptionnels lui avaient permis de multiplier sa présence et son action. C'est particulièrement évident sur le plan de la recherche, car son travail s'est déployé dans des domaines très divers, de l'épigraphie grecque à l'humanisme juridique, en passant par l'histoire politique, les institutions du Principat, la législation romaine et l'histoire de l'historiographie. Compte tenu des contributions majeures apportées à chacun de ces domaines, on a quelque mal à croire qu'elles sont l'œuvre d'un seul et même chercheur. Il va de même sur le plan personnel. Dans la vie de nombreux collègues, élèves et amis, Jean-Louis Ferrary occupait une place particulière de par son aptitude à établir avec chacun une relation privilégiée. Si le vide qu'il a laissé sur le plan personnel est évident pour toutes et tous, et si l'ampleur et la diversité de ses intérêts scientifiques sont depuis longtemps reconnues (et seront certainement l'objet d'initiatives scientifiques appropriées dans les années à venir), on mesure moins bien le rôle de premier plan qu'a joué Jean-Louis Ferrary dans les multiples institutions académiques et culturelles, françaises, étrangères et internationales au sein desquelles il a siégé. Là aussi, il s'est démultiplié, sans rien enlever à une activité scientifique qui était déjà prodigieuse, ni à la richesse de son humanité. L'objectif de la journée du 16 septembre 2021 a donc été de mettre en évidence cette facette de sa personnalité, peut-être la plus difficile à saisir, précisément parce qu'elle s'exerçait dans des lieux très divers, souvent à huis clos, dans des comités ou dans la solitude des rôles administratifs. Il nous a donc paru logique que cet aspect de sa vie soit évoqué par les représentants mêmes (présidents, directeurs ou porte-parole désignés par eux) des nombreuses institutions au sein desquelles Jean-Louis Ferrary a été particulièrement actif. Cette journée a aussi été l'occasion de nous recueillir autour de sa mémoire, les restrictions liées à la pandémie ayant réduit le nombre de personnes présentes lors des obsèques organisées un an plus tôt, le 1er septembre 2020.

Cahiers Glotz, XXXII, 2021, p. 9-10.

La journée s'est déroulée sous l'égide de l'Académie des Inscriptions et Belles Lettres, avec le soutien financier de l'EPHE, de l'UMR ANHIMA - institutions auxquelles il appartenait - du Collège de France et de l'Institut de droit romain de l'Université Paris-Panthéon-Assas.

Nous tenons à remercier toutes les institutions et les personnes qui ont généreusement permis cette rencontre. Parmi les nombreuses interventions, celle de François Lissarrague était particulièrement importante, en raison de son sujet, à savoir le rappel du rôle joué par Jean-Louis Ferrary, alors directeur du centre Gustave-Glotz, au moment de sa fusion avec les centres Louis-Gernet et Phéacie qui a donné naissance au centre ANHIMA. La disparition soudaine de François Lissarrague, peu de mois après l'hommage, le 15 décembre 2021, a été d'autant plus ressentie qu'elle signifiait la perte de deux protagonistes majeurs d'un événement qui fut fondateur pour les antiquisants français.

La personnalité de Jean-Louis fait que les interventions de cette journée, toutes marquées par la profonde affection qu'il inspirait, sont remarquables par leur diversité. C'est ce qui fait la valeur de ces textes qui permettent non seulement de reconstituer les multiples facettes du rôle académique et culturel qu'a tenu notre ami, mais aussi de traverser en sa compagnie plusieurs décennies de la vie universitaire française et de ses relations internationales : un hommage substantiel donc, qu'aurait sans doute apprécié Jean-Louis, et qui constituera, n'en doutons pas, pour les futurs historiens un ensemble documentaire précieux. Nous souhaitons clore cette brève introduction en rappelant que, grâce là encore au dévouement de certains de ses proches, en l'occurrence Arnaud Suspène et Denis Rousset, l'importante bibliothèque privée de Jean-Louis Ferrary a pu être acquise auprès de ses héritiers par l'Université d'Orléans, sa ville natale, qui l'a déjà presque entièrement cataloguée dans un fonds spécifique qui portera son nom. Une manière de perpétuer son souvenir, mais de faire aussi en sorte que le souci qu'il avait des conditions de travail faites aux jeunes chercheurs connaisse un nouveau rayonnement.

Dario MANTOVANI
Professeur au Collège de France

John SCHEID
Professeur honoraire au Collège de France

Xavier Darcos

JEAN-LOUIS FERRARY, MEMBRE DE L'INSTITUT

Il est heureux que cet hommage institutionnel rendu à la mémoire de notre excellent confrère puisse se tenir en un lieu appartenant à l'Institut de France. Je remercie les organisateurs de permettre au Chancelier de l'Institut d'ouvrir cette journée, en évoquant l'académicien Jean-Louis Ferrary, qui siégea à l'Académie des Inscriptions et Belles-Lettres, occupa la fonction de président de l'Institut de France en 2018, et qui fut surtout notre ami.

Son parcours de membre de l'Institut a été, bien sûr, trop bref, puisque Jean-Louis Ferrary nous a quittés à l'âge de 72 ans seulement. À un pareil âge, de nos jours, beaucoup d'académiciens sont très actifs : pour leurs propres œuvres ; dans leur académie ; dans la vie de l'Institut de France, de ses fondations ou de ses musées. Nous avons été privés de tous les nouveaux services qu'il aurait eu à cœur de rendre à une institution à laquelle il était sincèrement attaché. Son parcours académique fut néanmoins très riche et vraiment exemplaire.

Lorsqu'en 1998, à l'âge de 50 ans, Jean-Louis Ferrary fut élu correspondant de l'Académie des Inscriptions et Belles-Lettres, il était déjà bien connu de cette compagnie. Il y avait prononcé dès 1983 une communication sur la loi de majesté dans la Rome antique, passionnante étude sur les origines et le sens de la notion de *maiestas populi Romani*. En 1997, dans une communication à propos des *Antiquitates Romanae* de l'éditeur vénitien Paul Manuce, il faisait profiter l'Académie de sa connaissance très fine des humanistes de son cher XVIe siècle. Il avait toujours à l'esprit une sorte de « pont » intellectuel entre l'Antiquité et la Renaissance ; il aimait passer de l'une à l'autre et ne concevait pas l'une sans l'autre.

Élu membre titulaire le 22 avril 2005 au fauteuil de Maurice Euzennat, l'historien de l'Afrique romaine, Jean-Louis Ferrary siégea assidument à l'Académie pendant quinze années, et ne se contenta pas d'y occuper sa place. Le secrétaire perpétuel sera plus à même que moi de dire quelle fut son implication dans la vie interne de l'Académie. Je me contenterai d'abord de souligner la richesse de sa contribution scientifique, que l'on peut retrouver dans les *Comptes rendus des séances de l'AIBL*. Il y donna en 2001 une « note d'information » (de 16 pages tout de même) sur « le roi Archélaos de Cappadoce à Délos ». Et en 2005 une très importante communication sur « les mémoriaux de délégations du sanctuaire oraculaire de Claros et leur chronologie ». Ce dernier texte, d'une cinquantaine

Cahiers Glotz, XXXII, 2021, p. 11-13.

de pages, était la préfiguration de la publication en 2015, par l'Académie, des « mémoriaux de Claros ». Comme vous le savez, il s'agit des listes de délégués des cités (d'où l'expression de « mémoriaux de délégations ») qui ont visité le sanctuaire de Claros ou consulté son célèbre oracle. Le corpus, qui compte plus de 500 numéros, est évidemment une source très précieuse pour l'onomastique.

Dans un autre genre, je souhaite évoquer une circonstance qui m'a permis de profiter de l'immense savoir de notre ami, lorsque j'étais secrétaire perpétuel de l'Académie des sciences morales et politiques.

J'avais souhaité organiser des journées d'étude appelées « entretiens de l'Académie », notamment pour permettre des « relectures » contemporaines de grands ouvrages – historiques ou autres – écrits par des membres de l'Académie des sciences morales et politiques, et qui sont devenus des classiques. Ainsi, en 2012, nous avions organisé à l'Institut un « entretien » à l'occasion du cinquantenaire de la parution du grand livre de Raymond Aron, *Paix et guerre entre les nations.* L'expérience avait été très concluante, avec des débats fort intéressants, et nous avions récidivé, en 2014, pour les 150 ans de la première édition de *La Cité antique* de Fustel de Coulanges – qui fut membre de l'Académie des sciences morales et politiques.

Jean-Louis Ferrary avait accepté de se prêter au jeu et de relire *La Cité antique.* Nous lui avions demandé d'apporter l'éclairage d'un grand historien actuel de Rome sur cet ouvrage qui a marqué plusieurs générations et conserve une certaine notoriété. Sa contribution, que nous avons publiée aussitôt dans le *Bulletin de l'Académie des sciences morales et politiques*, est un chef-d'œuvre d'érudition, de finesse, d'objectivité.

Je dois dire que Fustel de Coulanges n'en sortait pas grandi ! Ferrary lui faisait deux reproches principaux. D'abord, Fustel avait pris le parti, pour écrire son grand livre, de relire toutes les sources anciennes mais aucun historien contemporain. Il voulait se faire sa propre idée sans s'appuyer sur les autres savants. Il n'avait lu Mommsen, par exemple, qu'au tout dernier moment. Évidemment, cela l'avait privé d'une science immense qui était pourtant à portée de main.

L'autre reproche, plus grave encore, que Ferrary faisait à Fustel, était formulée dans cette phrase toute en mesure : « Fustel, me semble-t-il, peut-être parce qu'il brasse une quantité de sources encore beaucoup plus large, a tendance à omettre purement et simplement celles qui ne rentrent pas dans son système. » Terrible reproche pour un historien... En réalité, ce texte de Jean-Louis Ferrary sur *La Cité antique* publié est surtout une magnifique leçon d'histoire et de bonne méthode, qui fait honneur à l'Institut et aussi – j'ai plaisir à le souligner – à l'École Pratique des Hautes Études, école de référence pour la méthodologie historique, « temple » de la recherche érudite, où notre ami avait fait sa carrière.

Jean-Louis Ferrary fut un historien modèle, mais il fut aussi un académicien modèle, et c'est sur sa vision de l'Institut que je voudrais terminer.

Lorsqu'il présida, sous la Coupole, la remise des grands prix des fondations de l'Institut, le 30 mai 2018, il cita cette phrase du duc d'Aumale à propos de l'Institut de France : « Un corps illustre qui échappe à l'esprit de faction, conservant son indépendance au milieu des fluctuations politiques. » Jean-Louis Ferrary se reconnaissait bien dans cette définition simple, de bon sens et toujours actuelle.

Il avait pour épée d'académicien celle d'un général d'Empire, dont la coquille de la garde était ornée d'une scène à l'antique, le serment des Horaces. Les trois frères prêtent serment sur un autel – à la différence du tableau de David – et leur père porte une épée en face d'eux. Cette scène n'est pas seulement une référence à la Rome antique, le domaine de recherche de l'académicien. Elle nous rappelle aussi le dévouement, la droiture, la fidélité aux institutions qui furent les grandes vertus humaines et intellectuelles de notre confrère.

En recevant son épée, dans le grand salon de la Sorbonne en mai 2007, il donnait son interprétation de la scène du serment des Horaces représentée sur l'épée, en quelques phrases que j'ai plaisir à citer :

> Pour un chercheur, l'histoire d'Horace n'est-elle pas le symbole de ce qu'aucun résultat n'est obtenu par l'individu seul, puisque le jeune Horace n'a triomphé des Curiaces qu'affaiblis par ses deux frères, et que l'échec des Curiaces est celui d'un excès d'individualisme, qui les a conduits en voulant vaincre seuls, à être tous vaincus ?
>
> Le caractère nécessairement collectif de toute recherche fructueuse, voici l'audacieuse réinterprétation que je vous propose du serment des Horaces, et dans l'épée que vous m'offrez, je veux voir une constante incitation à me rappeler que l'érudit n'est jamais seul, que nos travaux s'inscrivent dans une continuité où aucun progrès n'est possible sans que les hypothèses nouvelles soient soumises à l'amicale mais franche critique de nos collègues et de nos auditeurs.

J'ai souhaité lire ce passage en entier car j'y trouve l'une des plus belles définitions de l'esprit académique : continuité, travail collectif, droiture morale, critique franche et ouverte, mais dans l'amitié – l'*amicitia* cicéronienne, pourrait-on ajouter.

Je souhaite qu'à l'exemple de notre regretté confrère, nous puissions continuer à œuvrer et à vivre dans cet esprit, au sein de nos académies comme dans la vie de l'Institut dans son ensemble. Car c'est de cela surtout que dépendra la perpétuation de nos institutions académiques. Et c'est grâce à cela que l'on pourra encore redire ce que disait si justement Jean-Louis Ferrary : « Il ne paraît pas mauvais que, de temps à autres, ce soit à des savants portant l'habit et l'épée que les honneurs soient rendus par la Garde républicaine. »

Xavier Darcos
de l'Académie française, Chancelier de l'Institut de France

Jean-Michel Verdier

JEAN-LOUIS FERRARY ET L'ÉCOLE PRATIQUE DES HAUTES ÉTUDES

La disparition de Jean-Louis Ferrary en août 2020 a beaucoup affecté la communauté EPHE, en particulier les antiquisants, mais aussi l'ensemble de ses collègues et amis. Je connaissais Jean-Louis depuis une dizaine d'années, à l'occasion des élections aux conseils centraux de l'EPHE en 2010 où il m'avait fait l'amitié de rejoindre nos listes.

Depuis cette date nous nous voyions régulièrement. Je passais de temps en temps à son bureau de la rue Vivienne où nous discutions de choses et d'autres, et en particulier de l'EPHE, établissement certes prestigieux, disait-il, mais de petite taille et aux prises avec une reconfiguration générale de l'enseignement supérieur et de la recherche qui l'inquiétait.

En 2018, alors qu'il était déjà malade et que je venais d'être élu président de l'École Pratique des Hautes Études, il me confiait sa difficulté à être patient en attendant le résultat de ses examens. Mais il était surtout préoccupé par l'augmentation déraisonnable envisagée des loyers des locaux de l'INHA qui nous aurait mis, ainsi que d'autres, dans une vraie difficulté.

Je l'avais encore eu au téléphone en juin 2020, où il me disait que ça allait mieux, malgré le confinement à Paris, que sa chimiothérapie avait de l'effet puisque sa tumeur était stoppée, voire régressait. En attendant, il était heureux de retrouver son bureau de la rue Vivienne et ses livres de la bibliothèque Gernet-Glotz. Il terminait en me souhaitant bon courage pour les temps à venir, notamment en raison de la crise sanitaire, et il espérait que son oncologue lui octroie une petite pause estivale car le traitement le fatiguait beaucoup. On sait ce qu'il en est advenu.

Lors de nos discussions, sa capacité à taire sa propre maladie tout en continuant à défendre l'École et l'INHA me laisse le souvenir d'un homme inquiet de notre avenir et résolument attaché à nos institutions.

Jean-Michel Verdier
Président de l'École Pratique des Hautes Études

Denis Rousset

JEAN-LOUIS FERRARY ET L'ÉCOLE PRATIQUE DES HAUTES ÉTUDES

Qu'il me soit d'abord permis d'adresser mes vifs remerciements à M. Jean-Michel Verdier, Président de l'École Pratique des Hautes Études, qui m'a invité à intervenir à mon tour au nom de notre école. À l'expression de ma gratitude pour cet honneur, je joins nos remerciements à Jean-Michel Verdier et à l'École Pratique pour la contribution qu'elle apporte à la manifestation d'aujourd'hui, aux côtés de la Fondation del Duca de l'Institut de France, de l'Académie des Inscriptions et Belles-Lettres, de l'Unité mixte de recherche ANHIMA, de l'Institut de droit romain et du Collège de France.

À quel titre ai-je cependant la parole, après les intervenants que nous avons entendus, et au nom de l'École Pratique ? Cette école ne manque pas de collègues qui, plus anciens que moi, y ont bien connu Jean-Louis Ferrary et furent ses amis. Déjà Madame Ségolène Demougin, Doyen honoraire de la Section des Sciences historiques et philologiques, a, lors de l'Assemblée de section en octobre dernier, parfaitement évoqué, en un hommage désormais paru, la personnalité, la carrière, le rôle et l'œuvre de Jean-Louis Ferrary[1]. Déjà aussi Pierre Ducrey, en tête des *Mélanges* que l'École Pratique avait publiés en l'honneur de Jean-Louis Ferrary, l'avait défini comme un « savant hors normes », doté d'une « extraordinaire productivité scientifique », productivité dont les fruits ont été également décrits dans de nombreux autres hommages déjà publiés, par Madame Catherine Virlouvet et Messieurs Clément Bur et Thibaud Lanfranchi, Alberto Dalla Rosa, Dario Mantovani et Philippe Moreau[2].

Faut-il donc à notre tour faire l'éloge de l'œuvre écrite de Jean-Louis Ferrary ? Cette œuvre est d'une sagacité, d'une érudition et d'une ampleur telles qu'elle se passe de commentaires. Certes, comme toutes les grandes œuvres, la sienne suscitera exégèses et scholies. Mais ce n'est pas notre tâche aujourd'hui de la gloser.

1. Demougin 2021, p. XXI-XXV.

2. Voir respectivement Ducrey 2019, p. 1-5 ; Moreau, 2020, p. 9-11 ; Mantovani 2020, p. II-VII ; Virlouvet 2021, p. 5-7 ; Bur, Lanfranchi 2020, p. 235-236 ; Dalla Rosa 2021, p. 7-10. On se reportera avec grand profit également au site http ://souvenir-de-j-l-ferrary.fr/, créé et tenu à jour par É. Lemirre, O. Lemirre, Ph. Moreau et J. Bernardi, où l'on trouvera notamment de nombreux témoignages photographiques et audiovisuels sur Jean-Louis Ferrary.

Cahiers Glotz, XXXII, 2021, p. 17-22.

Qu'il nous suffise ici de faire vœu de la lire – ou, comme on dit, de la relire –, de préférence *in extenso*, et également de la faire lire, et au besoin de la réunir, de la republier, et aussi de la faire traduire.

Il m'échoit ici d'évoquer Jean-Louis Ferrary à l'École Pratique, en rappelant d'abord quelques dates. Le provincial arrivé rue d'Ulm à l'âge de 19 ans se tourna vite, parmi les enseignements donnés dans la Sorbonne, vers ceux des Hautes Études, école qui était habilitée, avec l'ENS et l'École des chartes, à présenter ses élèves à l'École française de Rome[3]. Suivant cette tradition, Jean-Louis Ferrary déposait en 1973 à l'École Pratique un mémoire, dirigé par Raymond Bloch et portant sur le cercle de Scipion Émilien. Ce mémoire, qui lui valut, à l'âge de 25 ans, le titre d'élève diplômé, suivi de son départ pour le Farnèse, l'avait également conduit à rencontrer, comme l'un de ses rapporteurs, Claude Nicolet. Dès lors se nouait une complicité intellectuelle et personnelle qui fut déterminante pour Jean-Louis Ferrary.

À son retour de Rome, en 1976, il devint un fidèle du séminaire de Nicolet à l'École Pratique. C'est dans ce cercle qu'il se fit parmi ses condisciples des amitiés durables, et c'est à la section des Sciences historiques et philologiques aussi qu'il tissa des liens de collaboration, puis d'amitié mutuelle, avec l'helléniste Philippe Gauthier, dont quelques auditeurs devaient plus tard former le cœur d'une équipe dans l'Unité de recherche que dirigea Jean-Louis Ferrary.

Il n'est pas besoin d'expliquer comment la philologie et l'histoire unies selon la tradition de la IVe section correspondaient exactement à l'esprit de Jean-Louis Ferrary, dont l'œuvre donne une illustration de cette conjonction parmi les plus fécondes qui soient pour l'Antiquité classique – et même au-delà. Aussi n'est-il pas étonnant qu'il ait vite trouvé à la IVe section la place qui lui était, selon Claude Nicolet, destinée. À 35 ans, il recevait une charge de conférences titrée « Histoire des idées politiques dans le monde romain », avant d'être élu, à 41 ans, en 1989, directeur d'études selon le même intitulé, lequel fut élargi en 1998, au départ de Nicolet, en « Histoire des institutions et des idées politiques du monde romain[4] ».

C'est à Arnaud Suspène qu'il reviendra de retracer le style et les traits de l'enseignement de Jean-Louis Ferrary à l'École Pratique. Qu'il suffise de dire que l'enseignement par la recherche, dont cette école partage la pratique désormais avec maintes institutions universitaires, convenait on ne peut mieux à Jean-Louis Ferrary : il a ainsi pu, pendant plus de trente ans, soumettre à un auditoire exigeant, sans céder aux effets de mode, ses recherches en cours, et les éprouver *in vivo* ou, si l'on veut, *viva voce*, selon la vocation de l'École Pratique. En outre, le nombre de ses élèves réels est bien supérieur au cercle que forma son auditoire : bien de ceux qui lisaient et lisent son œuvre sont de fait devenus, fût-ce à distance, ses disciples, tant son œuvre l'a d'elle-même – sans que jamais il ait eu le besoin, ni l'idée, d'en faire la réclame –, imposé comme un maître.

Jean-Louis – permettez-moi de l'appeler ainsi désormais – fut aussi le directeur, officiel ou informel, de maints travaux, et il se fit en une dizaine d'années garant d'habilitation non moins que dix fois. Ce nombre élevé, supérieur au nombre de

3. Voir Nicolet 2000, p. 12-13 ; Ferrary 2000, p. 19-48, aux p. 20-23.

4. Voir *Livret-Annuaire de l'EPHE. Section des sciences historiques et philologiques* 14, 1998-1999 [2000], p. 91.

thèses qu'il a officiellement dirigées, indique assez le niveau que garantissaient à la fois sa vigilance scientifique et sa caution intellectuelle.

En outre, Jean-Louis ne refusait jamais de relire avant publication un article ou un livre. Désireux de partager sa science, il faisait progresser ses cadets, les recevant dans son bureau, un peu comme dans un confessionnal, et il s'attachait à favoriser de façon efficace, avec discernement et discrétion, leur carrière et leur œuvre. Si écrasant que pût paraître son savoir, celui-ci ne l'entraînait cependant pas à des jugements sévères, ni même à des pointes. En effet, bien que pourvu depuis des années d'une épée, il n'était pas enclin à ferrailler.

L'aura académique de Jean-Louis, son aménité et son sens du bien commun imposèrent bientôt à l'École Pratique l'autorité de ses interventions, toujours comptées et mesurées. À la section, il fut longtemps membre de la Commission scientifique, où sa vaste culture lui permettait de donner, bien au-delà de ses champs d'étude personnels, pourtant multiples, des avis aussi écoutés que courtois.

Jean-Louis était attaché à ce que la section, loin de se réfugier dans une prudente réserve par rapport à ses deux sœurs cadettes, la Section des sciences religieuses et l'EHESS, gardât avec celles-ci des liens de confiance réciproque, qu'il fondait lui-même sur sa curiosité intellectuelle et sur de fidèles amitiés, et à ce que notre section continuât avec elles deux une étroite coopération, indispensable entre autres à la pérennité et au développement des sciences historiques et philologiques et de l'École Pratique en général. Il défendait aussi l'idée, que nous n'avons peut-être pas encore assez mise en application, que la section et l'École mènent pour leur politique de recrutement une prospective à long terme, fondée sur des avis extérieurs pris à l'avance dans les cercles les plus larges.

Auprès de la Présidence de l'École Pratique, sous Jean-Claude Waquet, Jean-Louis endossa la responsabilité d'Assesseur à la recherche, et il siégea au Conseil scientifique de l'École de 2010 à 2014. Je dois à la vérité de rappeler que Jean-Louis et moi, nous nous étions alors trouvés, dans le scrutin qui conduisit à son élection à ce conseil, non pas sur la même liste, mais sur des listes concurrentes. En effet, nous ne partagions pas exactement la même vue sur le rapport entre les sections, autrefois très autonomes, et la présidence de l'établissement, qui tendait depuis une dizaine d'années déjà à concentrer le pouvoir et les décisions. Pour sa part, Jean-Louis considérait que notre établissement serait plus fort s'il s'unissait et si les sections menaient une politique coordonnée : c'était à ses yeux être mieux armé pour défendre la place et la singularité de l'École, par rapport aux établissements voisins et à toute communauté d'universités et d'établissements, quelle qu'elle pût être.

S'il n'y a guère à commenter l'évolution institutionnelle de l'École Pratique durant le mandat de Jean-Louis au Conseil scientifique, en revanche la vérité m'oblige à dire que grande fut sa désillusion, lorsque nous nous apprêtions à célébrer le Cent-cinquantenaire de l'EPHE, en 2018. C'est en effet à l'époque de ce jubilé qu'on proposa à l'École de s'intégrer davantage encore dans l'Université Paris Sciences Lettres, dont un projet de nouveaux statuts, alors en discussion, semblait devoir renforcer considérablement le pouvoir central, au détriment de l'autonomie de la plupart des établissements membres. Au printemps de l'année 2018 – année déjà lourde pour Jean-Louis Ferrary, qui exerçait alors la Présidence de l'Académie des Inscriptions et Belles-Lettres et celle de l'Institut de France – le

Président de l'EPHE avait pour informer, voire consulter ses membres au sujet de leur avenir dans PSL, convoqué, le 24 mai, à l'EHESS boulevard Raspail – ironie du lieu –, ce qu'elle appela un « forum » : Jean-Louis, tout émérite qu'il fût alors devenu, ne se fit pas faute, en vieux Romain, de s'y rendre. Ce fut pour entendre qu'il s'agissait désormais de faire pour l'École Pratique en son ensemble ce qu'on avait préalablement fait de ses sections : en un mot, la diminuer, comme on avait amoindri les sections. Jean-Louis ne manqua pas d'intervenir, en défaveur de la *capitis deminutio* annoncée, qui fut hélas réalisée.

Pour autant, il ne se priva pas de manifester à nouveau sa désapprobation, de façon aussi policée que publique, devant un Sénat des études philologiques et historiques : c'était lorsqu'il présidait la séance que l'Académie des Inscriptions et Belles-Lettres consacrait au Cent-cinquantenaire de l'École Pratique, en septembre 2018. L'École Pratique, disait-il en concluant l'hommage qui couronnait la séance, est « une institution qui peut être fière de son histoire et de son action, et dont on souhaite que les aléas des incessantes réformes de l'enseignement supérieur et de la recherche ne l'obligent pas à se diluer complètement dans une nébuleuse dont on peut douter qu'elle ait 150 années d'existence devant elle[5] ». On s'étonna de cette prise de position ouverte, et on lui demanda, me confia-t-il, s'il la publierait telle quelle. Ce fut le cas : Jean-Louis n'était pas homme à parler à la légère pour se rétracter ensuite.

Ainsi, avec fidélité et conviction, Jean-Louis a-t-il défendu une certaine idée de l'École Pratique, et sa place originale aux côtés des autres institutions universitaires. Soulignons en effet que Jean-Louis, loin d'avoir de l'École Pratique une vue frileuse ou obsidionale, la voulait collaborant avec tous les établissements. Ainsi, il regrettait que l'EHESS n'ait pas trouvé sa place à nos côtés dans l'Université PSL. Rappelons également que Jean-Louis ne fut pas l'homme d'une seule institution : titulaire à l'Université Paris-IV avant d'être élu à l'École Pratique, il resta toujours attaché à la recherche commune avec les collègues de Sorbonne Université, et il n'était pas moins lié à l'Université Panthéon Sorbonne, comme en témoignait l'adresse courriel que toujours il utilisa. Sans jamais arborer un blason ni porter un dossard, sans se faire non plus homme de réseaux – tel n'était pas son esprit –, Jean-Louis fut, si je puis filer une métaphore sportive qu'il aurait, avec son humour habituel, appréciée – Jean-Louis fut un acteur *pivot* de la philologie et de l'histoire anciennes, en France et bien au-delà.

Certes, il s'étonnait de n'avoir jamais siégé au Conseil national des Universités, ni à la Commission du CNRS. Mais reconnaissons que ce fut autant de temps gagné d'une part au profit de l'œuvre écrite que nous avons à lire, et d'autre part en faveur de son action, aussi efficace, dans d'autres institutions universitaires et entreprises éditoriales, si nombreuses déjà, où il montra son tact de conseiller et son talent d'organisateur.

Quant à son rôle comme figure pivot, je voudrais seulement rappeler la situation que Jean-Louis contribua à assurer à l'École Pratique dans le paysage universitaire, grâce aux locaux et aux moyens qui lui furent alloués. C'est à son instigation que bien des antiquisants, romanistes et hellénistes, des deux sections de sciences humaines de l'École Pratique se sont joints à l'équipe d'abord appelée URA 1979, devenue UMR 8585, pour y jouer un jeu collectif, et pour faire servir

5. Voir Ferrary 2018, p. 1252.

leurs noms et leur nombre à la recherche de tous. S'il revient à Cecilia D'Ercole et François Lissarrague de retracer la genèse du Centre Gernet-Glotz et de l'Unité mixte de recherche ANHIMA et la place qu'y tint Jean-Louis, il faut dès à présent rappeler le rôle de capitaine, en l'occurrence, qu'il joua pour son installation rue Vivienne, près de l'Institut national d'histoire de l'art. C'est là qu'il porta sur les fonts baptismaux la bibliothèque Gernet-Glotz, qui est aujourd'hui l'un des tout premiers centres documentaires français réunissant la philologie et l'histoire gréco-romaines. Réalisés initialement grâce à la conjonction de moyens procurés par Paris-I, Paris-IV, l'EHESS et l'EPHE, ce centre et sa bibliothèque, qui fut comme l'enfant de Jean-Louis, ont contribué au renom récent de l'École Pratique et à sa place prestigieuse dans la recherche antiquisante. Ayant été en outre l'un des artisans primordiaux de la réunion rue Vivienne de plusieurs équipes de recherche de l'École Pratique, de la mise à disposition par cette École de salles de cours et de bureaux et de l'affectation de moyens financiers soutenant la bibliothèque, Jean-Louis ne cessa de promouvoir cette coopérative de recherche sans pareille.

Faut-il pourtant rappeler qu'on osa lui demander, dans l'hiver 2019, si les livres de cette bibliothèque avaient fait l'objet d'inventaires séparés, à proportion des crédits qu'avait versés au fil des années chacune des institutions partenaires ? Il répondit qu'on s'en était bien gardé, de façon à empêcher une dislocation entre différents campus universitaires.

Attaché à l'implantation à Vivienne et à la situation des sciences historiques, philologiques et religieuses au cœur de Paris, Jean-Louis était défavorable à une transplantation *extra muros*, et il ne soutenait pas l'idée d'une réunion à Condorcet autour des enjeux sociétaux des sciences sociales – lesquelles ne sont pas identiques aux sciences humaines, en dépit d'un amalgame fréquent et sans doute néfaste aux secondes.

De l'action de Jean-Louis au service des sciences humaines, la fierté légitime et discrète qu'il ressentait ne doit pas à l'avenir cesser de rejaillir sur l'École Pratique. À nous de continuer ce qu'il réalisa, sans jamais se ménager, tant que ses forces le lui permirent.

Pudique face aux tourments de la maladie, secret sur ses déconvenues personnelles, il est resté affable jusqu'aux derniers jours, manifestant une stoïque *virtus,* une autre de ses qualités romaines, s'ajoutant à *pudor* et à *fides*. Mais, à l'instant, ce n'est plus le disciple, ni le collègue, ni l'helléniste admirateur du sage Romain qui parle : l'amitié en vient à me distraire de la tâche impartie.

À vrai dire, nombre de ceux qui connurent Jean-Louis en étaient devenus aussi les amis. Personnalité œcuménique, au tempérament curieux de tout et des autres, Jean-Louis a eu bien des amis, autant d'amis que de collègues, et il leur a consacré beaucoup de temps.

Quant à nous, le temps que nous aurons aujourd'hui passé ensemble, chères et chers collègues, amies et amis, à commémorer sa personnalité, l'ardeur que nous mettrons à nous nourrir et à nous inspirer de son œuvre, l'énergie que nous consacrerons à continuer son action au bénéfice des institutions qu'il a servies autant qu'illustrées, tout cela ne nous acquittera pas avant longtemps de notre dette à l'égard de Jean-Louis Ferrary.

Denis Rousset
Directeur d'Études à l'EPHE, Sciences historiques et philologiques

Bibliographie

Bur, Lanfranchi 2020 : Cl. Bur, Th. Lanfranchi, « *In memoriam* Jean-Louis Ferrary », *Anabases* 32, 2020, p. 235-236.

Dalla Rosa 2021 : A. Dalla Rosa, « Jean-Louis Ferrary (1948-2020), *Lexis* 39/1, 2021, p. 7-10.

Demougin 2021 : S. Demougin, « Jean-Louis Ferrary (1948-2020) », *Annuaire de l'EPHE. Section des sciences historiques et philologiques* 152, 2019-2020 [2021], p. XXI-XXV.

Ducrey 2019 : P. Ducrey, « Jean-Louis Ferrary, un savant hors normes », dans A. Heller, C. Müller, A. Suspène (éd.) *Hommage à Jean-Louis Ferrary, Philorhômaios kai philhellèn*, Genève, 2019, p. 1-5.

Ferrary 2000 : J.-L. Ferrary, « Épigraphie et antiquités romaines à l'École Pratique des Hautes Études », dans *Conférence d'ouverture de Mme Ségolène Demougin, Directeur d'*Études *d'épigraphie romaine et histoire sociale du monde romain (15 mars 1999)*, Paris, 2000, p. 19-48.

Ferrary 2018 : J.-L. Ferrary, « Livres offerts », *Comptes rendus de l'Académie des Inscriptions et Belles-Lettres* 2018, p. 1251-1252.

Mantovani 2020 : D. Mantovani, « Jean-Louis Ferrary », *Athenaeum* 108, 2020, p. II-VII.

Moreau 2020 : Ph. Moreau, « Jean-Louis Ferrary (1948-2020) », *Revue de philologie* 93, 2019 [2020], p. 9-11.

Nicolet 2000 : Cl. Nicolet, « Conférence de M. Claude Nicolet », dans *Conférence d'ouverture de Mme Ségolène Demougin, Directeur d'Études d'épigraphie romaine et histoire sociale du monde romain (15 mars 1999)*, Paris, 2000, p. 11-18.

Virlouvet 2021 : C. Virlouvet, « Jean-Louis Ferrary et l'École française de Rome », *Mélanges de l'École française de Rome-Antiquité* 133, 2021, p. 5-7.

Site

http ://souvenir-de-j-l-ferrary.fr/, créé et tenu à jour par É. Lemirre, O. Lemirre, Ph. Moreau et J. Bernardi.

Maria Cecilia D'Ercole

JEAN-LOUIS FERRARY À ANHIMA

Il me revient d'évoquer les liens, forts et étroits, qui rattachaient Jean-Louis Ferrary à notre Unité ANHIMA. Plus que des liens, c'étaient bien des racines, car Jean Louis Ferrary a été présent dès la fondation de notre laboratoire[1], pour construire et accompagner dans ses évolutions un projet scientifique dans lequel il a cru, auquel il a apporté sa précieuse contribution et toute son énergie.

En tant que directeur du Centre Gustave-Glotz, entre 1995 et 2005, il a œuvré avec sa pleine conviction pour bâtir cette nouvelle Unité, née de la fusion de différents centres et orientations de recherche. Il était accompagné et soutenu dans cette aventure intellectuelle par le dialogue constant avec François Lissarrague, qui était dans les mêmes années le directeur du Centre Louis-Gernet. Les pourparlers avec les tutelles de la future Unité, les échanges avec les chercheurs des centres respectifs et de la jeune équipe d'accueil Phéacie, dirigée par Pauline Schmitt-Pantel, ont permis d'arriver en 2010 à la fondation de notre laboratoire ANHIMA. Pour Jean-Louis Ferrary, cette réalisation a été aussi une façon d'exprimer concrètement la mission intellectuelle qui a toujours été la sienne : celle de faire dialoguer le monde grec et le monde romain, de leur donner une pérennité par les développements des recherches en cours et l'encouragement de celles à venir.

C'est pourquoi Jean-Louis Ferrary peut être considéré comme un véritable fondateur de notre Unité. Il en a jeté, avec d'autres, les bases, et il a aussi donné une impulsion décisive à la formation d'un terrain de recherche et d'un langage scientifique commun.

Son accompagnement s'est exprimé sous différentes formes. Tout d'abord dans les activités scientifiques de l'Unité. Membre assidu de tous les comités scientifiques, des comités de lecture des *Cahiers du Centre-Glotz*, il a été, avec Philippe Moreau, puis Yann Rivière et d'autres collègues au sein d'ANHIMA, le créateur et l'animateur du programme scientifique « Lepor », *Leges Populi Romani*, un projet qui a suscité un beau faisceau de publications individuelles et

1. L'UMR 8210 ANHIMA – Anthropologie et Histoire des Mondes Antiques – a été fondée en 2010, résultant de la fusion de deux unités de recherche, le Centre Gustave-Glotz-UMR 8585 (« Mondes hellénistiques et romains ») et le Centre Louis-Gernet (« Centre de recherches comparées sur les sociétés anciennes »), et d'une équipe de recherche, Phéacie (« Pratiques culturelles dans les sociétés grecques et romaines »).

collectives. Je me bornerai à rappeler ici deux publications en français et en italien respectivement : l'ouvrage collectif qu'il a dirigé, consacré aux lois publiques[2] et le volume dont il a été l'auteur, sur les lois comitiales[3], les deux parus à Pavie en 2012, ce qui constitue en soi un exploit remarquable. Le projet *Lepor* a surtout donné lieu à la base de données homonyme qui compte aujourd'hui déjà plusieurs dizaines de notices[4], dont une bonne partie a été rédigée par Jean-Louis personnellement. Le flambeau de cette belle entreprise scientifique est aujourd'hui repris par Dario Mantovani, avec la coopération constante de Philippe Moreau.

Je voudrais ensuite évoquer l'engagement dans la gouvernance du laboratoire. Toujours présent dans les instances de l'Unité, notamment dans les conseils de laboratoire, Jean-Louis Ferrary y a apporté sa discrétion, sa connaissance des institutions et son autorité naturelle. Il a été aussi le membre assidu de la commission Bibliothèque, qui réunit des enseignants-chercheurs et des agents documentalistes et qui lui tenait particulièrement à cœur. Son expertise y a toujours su orienter choix et décisions. La bibliothèque Gernet-Glotz, créée en 2004, est d'ailleurs un chapitre en soi de son lien avec ANHIMA, comme il apparaît dans son intervention en 2017 au colloque « Mondes anciens, nouveaux regards », où il retrace avec sa clarté habituelle l'histoire de cette bibliothèque qui est, disait-il, l'héritière de l'ancienne Bibliothèque de la Sorbonne[5]. Un lien tout particulier l'a aussi rattaché aux différentes équipes de la Bibliothèque, par son approche réservée et chaleureuse à la fois, toujours respectueuse des rôles et des compétences.

Je voudrais rapidement évoquer deux aspects de la personnalité de notre collègue et maître disparu. La première était son sens des institutions. On ne s'y étonnera pas de retrouver ce respect chez le savant qui, mieux que quiconque, connaissait les méandres du pouvoir institutionnel, à Rome et dans la Grèce ancienne. Mais il est sans doute important de remarquer à quel point ce respect était chez Jean-Louis Ferrary un habitus profond, qui apparaissait concrètement par tous les échanges qu'on pouvait avoir avec lui. L'autre, plus personnelle et sans doute plus délicate à évoquer, a été l'attitude de Jean-Louis face à la maladie, son grand courage, mais aussi son extrême simplicité. Il avait une façon toute naturelle d'aborder des sujets difficiles et il était en mesure de mettre à l'aise son interlocuteur, même face à une matière si douloureuse.

Ce sont des héritages précieux de savoir scientifique et humain à la fois, que notre laboratoire s'engage à préserver et à cultiver.

Cecilia D'Ercole
EHESS-ANHIMA

2. J.-L. Ferrary (dir.), *Leges publicae. La legge nell'esperienza giuridica romana*, Pavie, IUSS Press, 2012.

3. J.-L. Ferrary, *Recherches sur les lois comitiales et sur le droit public romain*, Pavie, IUSS Press, 2012.

4. http ://telma.irht.cnrs.fr/outils/lepor/introduction/ La base de données, initiée grâce à l'ANR « Corpus » (2007-2011) est depuis entièrement financée par l'UMR ANHIMA et hébergée sur la plateforme « Telma ». Le projet affiche l'objectif d'atteindre les 880 notices de lois datées entre 509 et l'époque de Nerva.

5. L'enregistrement de cette intervention figure sur la page web d'accueil de la Bibliothèque : https ://www.canal-u.tv/video/cnrs_ups2259/la_place_de_la_bibliotheque_d_histoire_ancienne_gernet_glotz_dans_le_travail_des_antiquistes_jean_louis_ferrary.36179

† François Lissarrague[1]

JEAN-LOUIS FERRARY ET LE CENTRE ANHIMA

Si l'honneur m'est fait aujourd'hui de prendre devant vous la parole pour participer à cet hommage rendu à Jean-Louis Ferrary, c'est que nous nous sommes connus il y a fort longtemps, 55 ans pour être précis, en 1966, en khâgne au lycée Henri-IV. Ce temps bref et lointain a marqué la suite de nos relations (fig. 1).

Sur cette photo[2], qui regroupe les deux classes de khâgne en 1966, on reconnaît au rang supérieur, le 4e en partant de la gauche, notre ami Jean-Louis Ferrary, les cheveux soigneusement peignés, une écharpe strictement croisée à son cou. Au même rang, le 7e, plutôt hirsute, c'est votre serviteur (on reconnaît aussi Laurent Theis, 3e rang, cinquième à partir de la gauche, qui était dans notre khâgne, tandis que Jean-Paul Demoule – debout à gauche au 2e rang – et Pierre Ellinger – 2e rang, 11e à partir de la gauche – étaient dans l'autre khâgne).

Jean-Louis avait fait ses études au lycée Pothier, à Orléans, jusques et y compris son hypokhâgne, où il fut si brillant qu'on l'envoya faire sa khâgne à Paris, au lycée Henri-IV (à l'époque ce n'était pas la meilleure prépa parisienne, mais elle était tout de même de très haut niveau). Né en 1948, il avait un an de moins que la plupart des khâgneux ; sa mémoire était prodigieuse, et son intelligence hors pair.

Il excellait en tout ; il avait l'air un peu malingre, et les internes ne l'ont pas toujours ménagé. En fait, lui interne, moi Parisien du 6e arrondissement, n'avons que rarement échangé à cette époque. Je me souviens d'un jour où assis à côté de lui je lisais *Le Cornet à dés* de Max Jacob, tandis qu'il absorbait, entre autres, *l'Histoire* économique des grandes puissances d'Ambrosi et Tacel. Et je me souviens encore du regard admiratif d'Ambrosi, notre professeur, à la fin d'un exposé de Jean-Louis qui nous avait tous médusés. Cette année-là, nous nous sommes à peine croisés ; j'étais médiocre, il était brillant : il fut reçu à Ulm du premier coup, haut la main au grand dam des cubes qui l'avaient un peu bizuté.

Ce n'est que bien plus tard que nous nous sommes retrouvés, dans les années 1975 ; d'abord de loin à la bibliothèque Glotz, où je me rendais souvent pour

1. Notre regretté collègue Fr. Lissarrague avait remis le texte intégral de son allocution avant de décéder brutalement le 15 décembre 2021 (Ndlr).

2. Trouvée sur internet : https ://copainsdavant.linternaute.com/photo/khagne-lycee-henri-iv-2877342 (consulté le 25 novembre 2021).

profiter des trésors qu'on y trouvait, en accès direct, en particulier certains livres d'archéologie provenant de la bibliothèque de Charles Picard.

Mais bien évidemment, le moment majeur, ce fut la grande aventure de la fusion et du déménagement de nos deux bibliothèques, Glotz (qui se trouvait dans la Sorbonne) et Gernet (au 10 de la rue Monsieur le Prince), puis de nos centres de recherches (y compris Phéacie, que menait Pauline Schmitt). L'idée de « marier » nos équipes ne serait venue à personne si ce n'avait été pour créer une bibliothèque d'antiquité telle que Claude Nicolet et quelques autres en avaient rêvé. L'opportunité de l'installer dans les locaux de l'INHA s'est présentée grâce à Alain Schnapp, et nous l'avons saisie avec enthousiasme. C'est Schnapp qui a plaidé pour un projet Warburgien, rapprochant de la bibliothèque d'histoire de l'art et d'archéologie un Centre où l'on trouverait toutes les sources antiques et le moyen de travailler sur le monde classique et sa réception moderne.

C'est durant cette période que j'ai découvert un autre Jean-Louis Ferrary, non pas ce premier de la classe, éblouissant mais un peu terrifiant, dans nos années de formation, mais un collègue, vite devenu un ami, entièrement dévoué à la cause commune, à ce grand projet de réunir nos deux bibliothèques et de rendre directement accessible une documentation unique.

L'idée de regrouper les deux bibliothèques d'antiquité, celle du Centre Glotz, qui remontait à l'ancienne Sorbonne et qui avait été installée juste avant 1968, et celle du Centre Louis-Gernet (alors Centre de recherches comparées sur les sociétés anciennes) créée vers 1975 à l'EHESS, grâce à l'aide de la MSH et à l'énergie d'Alain Schnapp (déjà), cette idée avait germé de longue date. Les deux centres étaient à l'étroit, les livres n'y tenaient plus. Surtout les deux fonds étaient remarquablement complémentaires. Côté Glotz, le monde hellénistique, l'histoire, l'épigraphie, Rome ; côté Gernet textes et commentaires, histoire sociale, anthropologie, philosophie, iconographie, surtout grecque ; des deux côtés l'histoire des religions était bien représentée. Je n'entrerai pas dans le détail de cette histoire, que Jean Louis a lui-même excellemment retracée dans un exposé qu'il fit, le 7 juin 2017, lors du colloque célébrant les dix ans de la nouvelle équipe ANHIMA. On peut facilement l'entendre dans la vidéo mise en ligne sur le site consacré par ses amis à Jean-Louis (http ://souvenir-de-j-l-ferrary.fr/photos) ainsi que sur la page « bibliothèque » du site ANHIMA (https ://www.anhima.fr/spip.php ?article22) et c'est un plaisir émouvant de retrouver sa clarté d'expression, sa précision et sa simplicité, ainsi que son œil pétillant.

Comme il le rappelle dans cet exposé, en organisant le déménagement et la fusion de nos deux bibliothèques, nous avons été audacieux. Outre les démarches tortueuses et complexes auprès de nos tutelles, en particulier le Ministère de la Recherche, il a fallu convaincre les membres de nos équipes, et les mettre à contribution. Certains au départ voyaient d'un mauvais œil l'idée de déménager vers la rive droite, de s'éloigner du sacro-saint quartier latin. Jean-Louis a déployé des trésors de patience et de détermination ; je l'ai souvent suivi, au Ministère, admirant sa diplomatie et son éloquence. Il parlait alors avec une grande compétence, une autorité déterminée, mais sans « prépotence » comme diraient les Italiens ; sa concentration et sa lucidité dans les négociations m'ont à chaque fois ébloui.

Nos rôles, à ce moment-là, étaient symétriques ; je dirigeais le Centre Louis-Gernet, il dirigeait le Centre Gustave-Glotz (de 1995 à 2005). Nos styles étaient fort différents, mais nous sommes devenus solidaires et complices, je pense pouvoir dire que nous nous faisions une totale confiance, et c'est ce qui nous a sans doute permis d'aboutir.

Ferrary aimait les livres et en faisait une grande consommation. En véritable humaniste il avait le sens de ce que pouvait être une communauté réunie autour d'un instrument commun ; et son souci fut de créer l'outil le mieux adapté possible. Les choix qu'il fit et que nous partagions étaient audacieux : reclasser l'ensemble de nos deux bibliothèques (qui bien sûr suivaient des systèmes de cotation bricolés ad hoc) et recoter tous nos livres en nous adaptant, non sans peine, à la classification de la bibliothèque du Congrès (LC), système qui avait été choisi par l'INHA ; créer ainsi un catalogue informatisé particulièrement performant, grâce à l'aide de l'INHA. Ces opérations n'étaient pas simples, mais elles ne l'ont pas rebuté.

Pour ce faire nous n'étions pas seuls ; à l'INHA Martine Poulain a été un guide particulièrement énergique et efficace ; dans nos équipes Ferrary a eu le talent de convaincre la bibliothécaire de Glotz, Karine Farenc – plutôt réticente au départ – d'entrer dans le travail commun de recotation. Côté Gernet, Rosine Adda a porté ce projet avec beaucoup d'enthousiasme, passé un été entier à s'imprégner de ce système de classement qui nous paraissait si complexe, mais qui s'est avéré fort utile ; elle a suivi de bout en bout le déménagement et la mise en route du catalogue. Ainsi se sont créés des liens d'amitiés avec Jean-Louis dont on voyait bien que le plaisir de voir grandir ce projet compensait largement les tracas quotidiens qui n'ont pas manqué. Jean-Louis avait une grande patience, écoutait chacun et cherchait toujours la solution qui permettait aux uns et aux autres de trouver leur place.

Je me souviens d'un jour où nous nous rendions ensemble au Ministère de la Recherche, sur la Montagne Sainte Geneviève, pour négocier le budget de notre déménagement ; en montant, nous passons devant le lycée Henri-IV et je lui dis : « Tu te souviens ? » Il répondit sans hésiter : « La pire année de ma vie. »

Il me semble en revanche que ces années où, non sans fatigue, nous avons créé cette bibliothèque, qui connaît aujourd'hui un vif succès, ont été, sinon les meilleures années de sa vie (ce n'est pas à moi de le dire), en tout cas de grandes années. Nous avons souvent terminé nos journées vers 9h le soir, quand la galerie Colbert fermait, pour aller dîner « Aux Bons Crus » ; Jean-Louis aimait la viande et il était gourmand ; pour des raisons de santé qu'il a dû gérer toute sa vie, il ne pouvait malheureusement pas boire la moindre goutte de vin, et ces « Bons crus » restaient pour lui virtuels. Mais nous avons trouvé là de bons moments, à réfléchir sur les problèmes du quotidien, dont j'ai complètement oublié le détail, et aussi à parler de ce qu'il aimait comme moi : la peinture de la Renaissance italienne, en particulier Mantegna ; les expositions récentes dont il ne manquait pas la moindre, et ses voyages, à Rome souvent, à Londres et au Warburg.

Nous avons tous l'expérience de l'écriture d'un livre. La création d'une bibliothèque de cette dimension est un grand moment dans une vie de chercheur. Jean-Louis a, jusqu'à ses derniers jours, veillé à ce que cette bibliothèque puisse fonctionner au mieux ; dans la commission d'achats, sa compétence et sa vision d'ensemble du fonds ont assuré une cohérence qui fait la valeur de cette bibliothèque.

Khâgne de 1966, lycée Henri-IV

Jean-Louis Ferrary aurait pu être mathématicien autant qu'il fut historien. Son intelligence et sa mémoire étaient prodigieuses.

L'aventure de la création de la bibliothèque Gernet-Glotz fut un moment important pour lui, et je suis heureux et fier d'avoir partagé cela avec lui. Il aura fallu de la patience, et il n'en manquait pas ; un sens des autres, pour ne heurter personne, tenir compte des susceptibilités, souvent anticiper les problèmes pour les désamorcer. Et aussi beaucoup d'humour, qui permet de mettre un peu de distance dans ce qui autrement serait devenu pesant.

Jean-Louis Ferrary était pétillant, il aimait rire et ne manquait pas d'ironie. Solide dans ses convictions, il était fidèle et clairvoyant, loyal et acharné au travail. Ce fut un remarquable ami.

† François LISSARRAGUE
Directeur d'études émérite à l'EHESS

André Vauchez

JEAN-LOUIS FERRARY ET L'ÉCOLE FRANÇAISE DE ROME

À la mémoire de Jean-Louis Ferrary

J'ai fait la connaissance de Jean-Louis en 1973, quand il est arrivé à l'École française de Rome. Le directeur des études médiévales que j'étais alors n'avait *a priori* aucune raison d'établir un lien particulier avec ce membre « antiquisant », comme on disait, mais je ne tardai pas à me rendre compte que ce jeune chercheur plein d'enthousiasme pour son travail était à la fois un grand esprit et un homme de cœur, ce qui fut à l'origine de relations amicales entre nous. Plus tard, quand je retournai à Rome comme directeur, je retrouvai toujours Jean-Louis avec plaisir et, à l'occasion de séminaires, de colloques ou de réunions diverses auxquelles il participa à l'École dans les années 1995-2003, j'eus l'occasion d'admirer sa science immense dans les domaines les plus divers : histoire des relations entre Rome et le monde grec, histoire des institutions, du droit et de la législation de l'Antiquité, histoire des idées et de la philosophie politique, épigraphie latine et grecque, historiographie. Je fus également frappé de l'*auctoritas* avec laquelle il intervenait dans les débats, sans jamais se mettre en avant mais avec l'exigence d'un grand savant dont tous reconnaissaient la compétence. Nos relations devinrent plus étroites à partir de son élection à l'Académie des Inscriptions et Belles-Lettres en 2005. Entre 2011 et 2017, nous nous sommes retrouvés dans les conseils de l'École française de Rome et je fus frappé par la compétence de ses interventions dans ces instances, fondée sur une connaissance extrêmement poussée des dossiers et des questions administratives et budgétaires dans lesquelles il ne répugnait pas à s'impliquer. À l'Institut, il présida pendant un an avec beaucoup de diligence la Commission administrative centrale et se fit apprécier de tous pour sa courtoisie et sa clairvoyance. Et lorsqu'il présida notre Académie, il ne se contentait pas de remercier, selon l'usage, les orateurs pour leur communication, mais sa vaste culture lui permettait de poser ensuite les bonnes questions et de relancer la discussion quand celle-ci peinait à s'établir. La maladie dont il était atteint depuis de nombreuses années ne cessa malheureusement pas de s'aggraver au fil du temps et sa disparition prématurée, il y a un peu plus d'un an, nous a privés de sa compagnie. Mais je ne suis pas près d'oublier ce grand esprit, qui était bien plus qu'un érudit austère, et ses qualités humaines – dévouement, modestie, humour – qui faisaient de lui un ami fidèle et précieux.

André Vauchez
Membre de l'Institut

Cahiers Glotz, XXXII, 2021, p. 29.

Catherine Virlouvet

JEAN-LOUIS FERRARY ET L'ITALIE AU PRISME DE L'ÉCOLE FRANÇAISE DE ROME

J'ai déjà eu l'occasion de rendre hommage à Jean-Louis Ferrary à l'École française de Rome (EFR) même, il y a un an, lors de l'atelier doctoral sur les sources du droit qu'il avait contribué à créer, où j'ai évoqué de manière plus personnelle l'ami irremplaçable qu'il fut pour moi ; puis dans le premier numéro de 2021 des *MEFRA*. Je remercie Brigitte Marin de m'avoir proposé d'intervenir aujourd'hui encore, comme ancienne directrice de l'EFR au cours des années où Jean-Louis fut très proche de l'École, puisqu'il dirigea son CA de 2011 à 2017.

Dans le cadre de ces hommages institutionnels, je veux insister sur la dette immense que l'EFR a à son égard. Il est au nombre des anciens membres qui ont le plus contribué au rayonnement et à l'excellence de l'École, et ce pendant près d'un demi-siècle de relations intenses que j'évoquerai à présent, en remontant à l'année 1973 qui le vit entrer comme membre au palais Farnèse, sous la direction de Georges Vallet. Car pour comprendre l'indéfectible attachement de Jean-Louis à l'École, il faut d'abord cerner ce que l'institution lui avait apporté.

Il a évoqué lui-même son séjour comme farnésien, entre 1973 et 1976, dans un entretien qu'il nous accorda en avril 2019 dans le cadre de la constitution d'archives orales pour servir à l'histoire de l'École entreprise en 2018.

Il y était entré, comme c'était alors la règle, sur présentation de l'ENS, puisque trois institutions seulement pouvaient présenter des candidats au titre de membres : la rue d'Ulm, la IVe section de l'École Pratique des Hautes Études, et l'École des Chartes.

Diplômé de l'EPHE, Jean-Louis arrivait à Rome avec une ébauche de sujet de thèse d'État, qu'il jugea lui-même après coup trop général, portant sur les justifications et les critiques de la conquête romaine, inscrit sous la direction de Pierre Grimal qui l'a beaucoup aidé à ses débuts, lui obtenant en 1971 un poste d'assistant de latin à la Sorbonne, qu'il retrouva, toujours grâce à Grimal, à sa sortie de l'EFR en 1976. On sait que le séjour romain ne visait pas à l'accomplissement d'une thèse d'État dont l'élaboration pouvait durer souvent une dizaine d'années, mais précisément à affiner ce qui deviendrait cette thèse, en bénéficiant de contacts avec les chercheurs français et italiens mais aussi internationaux, étant donnée la position très particulière de Rome qui accueille des institutions de recherche issues de très nombreux pays d'Europe, et même du monde.

Ce qui caractérisait le séjour romain, c'était l'extraordinaire liberté dont jouissaient les membres, une « liberté quasi absolue » disait Jean-Louis dans son entretien. Seules obligations (comme aujourd'hui) : remettre un article pour les *Mélanges* en fin de première année et un mémoire à l'Académie des Inscriptions et Belles Lettres avant la sortie de l'École en troisième année. À quoi s'ajoutait, pour les membres antiquisants, la nécessité de participer à un chantier de fouilles archéologiques. Jean-Louis n'y a pas dérogé, en prenant part aux fouilles de Bolsena, dirigeant même le chantier, selon le rite établi alors, au cours de sa troisième année. En 1975, c'est lui que l'on voit arpentant le site et commentant ses ruines dans « Roma la Rose », le film réalisé dans le cadre de la commémoration du centenaire de l'EFR. Avouons, parce qu'il le confessait lui-même, qu'il fut tout de même extrêmement déçu de ne pas avoir trouvé en trois ans une seule inscription sur le site. Sans ignorer l'apport de l'archéologie à notre connaissance du monde ancien, Jean-Louis était d'abord un épigraphiste !

Ce qui a compté pour lui dans ce séjour fondateur, tel qu'il l'évoquait 46 ans après, ce sont la fréquentation de la bibliothèque de l'EFR, celle de l'Institut de Droit romain de la Sapienza, où il fut accueilli par Edoardo Volterra, les contacts que lui ouvrirent ces passeurs de l'Italie qu'étaient Pierre Gros, alors directeur des études, et Noëlle de La Blanchardière qui dirigeait la bibliothèque. Et puis une rencontre paradoxale, celle de Claude Nicolet. Paradoxale parce que les deux hommes s'étaient déjà rencontrés à l'EPHE où Nicolet était directeur d'études depuis 1969. Mais c'est dans la bibliothèque de l'École qu'ils se sont connus véritablement, à travers de longues déambulations entre la grande galerie et celle qu'on appelait alors la nouvelle galerie. C'est là que se noua entre eux une amitié indéfectible. « Il y avait, je crois, une véritable affection entre Nicolet et moi » disait-il en 2019, et il insistait sur l'influence que cette rencontre avait eue sur le futur de ses travaux. Arrivé à Rome comme philologue, il en était ressorti historien (tout en restant l'éminent philologue que l'on sait). Ce sont les conversations avec Nicolet, qui l'enrôla dans la rédaction du second volume de la Nouvelle Clio sur la République romaine, qui lui ont alors permis de délimiter son sujet de thèse sur les rapports entre Rome et le monde grec. C'est encore Nicolet qui joua un rôle dans l'orientation de son mémoire de troisième année, portant sur les lois de répression contre les gouverneurs commettant des abus aux dépens des provinciaux, et lui signala un article de M. Crawford sur une de ces lois. L'intérêt pour le droit romain et pour les lois remonte donc à ces années romaines fondatrices.

Car même s'il insistait sur la liberté dont il disposa comme membre, on est frappé par le travail que Jean-Louis produisit alors : trois articles parurent dans les *Mélanges* entre 1974 et 1977, dont les deux derniers portaient sur des lois de la fin de la République[1].

1. Si le premier, sur « Le discours de Laelius dans le troisième livre du *De Republica* de Cicéron », qui devait sans doute être déjà largement ébauché avant son arrivée à l'EFR, part de l'érudition du philologue et d'une réflexion sur les idées philosophiques de Cicéron, les deux autres sont l'œuvre d'un historien qui se passionne déjà pour la législation républicaine : dans celui paru en 1975, il envisage la loi judiciaire de Cotta de 70 av. J.-C. telle qu'elle nous est connue par Cicéron,

Cet intérêt pour les lois romaines, qui ne le quitta plus, présida au choix de son mémoire de 3e année, intitulé « Lex socialis. *Recherches sur la législation* repetundarum *présyllanienne* ». Son rapporteur à l'AIBL, William Seston, avouait avoir apprécié ce mémoire, sans voir pour autant le rapport qu'il avait avec sa thèse. Pour Jean-Louis en revanche, l'étude qu'il proposait était bien liée à son sujet, car la capacité des autorités romaines, en particulier du Sénat, à contrôler ou non les gouverneurs, avait à voir avec les critiques et justifications de la conquête. C'est dans cette dimension de lois « sociales », au sens où Cicéron employait cette expression, de lois définissant un rapport entre le pouvoir romain d'une part, les alliés et les peuples sujets de l'autre, que résidait l'originalité de la démarche à une époque où cette législation avait été surtout envisagée du point de vue de la politique intérieure romaine et de son rôle dans la lutte des factions à la fin de la République. De la loi Calpurnia à l'époque syllanienne, Jean-Louis analysa toutes les *leges repetundarum* de cette période à ce prisme, à travers les sources littéraires mais aussi épigraphiques.

La relecture de ces premiers travaux, en vue de préparer cette intervention, m'a permis de mesurer l'impressionnante maîtrise de sa discipline que ce jeune homme (il avait 27 ans) possédait déjà. Tout y est du Jean-Louis que nous avons connu : le raisonnement serré et implacable, plein de sobriété et de réalisme, clair et économe d'hypothèses, le talent du philologue et de l'épigraphiste. On admire ses analyses de la documentation épigraphique[2], les restitutions qu'il propose ou qu'il réfute, les rapprochements avec les inscriptions grecques. S'éloignant de la vision manichéenne d'une vie politique romaine scindée en factions irréductibles qui prévalait parfois (« tout n'est pas si simple », écrit-il), il insiste sur la continuité entre les lois somptuaires. Le style est mordant, empreint de cet humour qu'on lui connait bien. Ainsi quand il écrit, à l'appui d'un raisonnement où il analyse la législation de Calpurnius Pison comme visant à une meilleure protection des alliés dans les limites du respect des privilèges du Sénat : « On ne saurait se contenter de reprocher à Pison de n'avoir pas été Caius Gracchus. » Le jeune Jean-Louis n'hésite pas à ferrailler, toujours avec respect, contre ceux qui l'ont inspiré et qu'il admire. Certaines hypothèses d'Emilio Gabba ou de Claude Nicolet, passent ainsi à la moulinette de son raisonnement implacable et ne s'en relèvent pas toujours !

Comme nombre d'entre nous, Jean-Louis s'était donc « trouvé » lui-même lors de ce premier séjour à l'École. Il avait trouvé sa voie scientifique, on vient de le voir, mais il s'était aussi épris de l'Italie qu'il sillonna en tous sens au cours de ces trois années : un attachement durable dont il ne se départit jamais. Une de ses fiertés était de se voir demander par des Italiens qui ne le connaissaient pas, devant sa maîtrise de la langue de Dante, s'il était originaire du Piémont.

Sa fréquentation intense de l'Italie et des milieux scientifiques italiens n'eut pas besoin par la suite de l'intermédiaire de l'EFR, mais il estimait avoir contracté à l'égard de l'institution une dette qu'il a passé le reste de sa vie à rembourser au centuple, en le faisant avec bonheur, car il éprouvait, comme tant d'anciens

en particulier dans les *Verrines* ; celui qui paraît en 1977, l'année suivant son retour à Paris, sur la législation de Saturninus et Glaucia à travers la *lex de piratiis* des inscriptions de Delphes et Cnide, met en lumière ses compétences en épigraphie, aussi bien grecque que romaine.

2. La *tabula Bembina*, le fragment de Tarente, la table de Bantia…

Romains, une très grande affection pour l'École, et je crois pouvoir dire que ses séjours en son sein furent des moments heureux pour lui. Il ne cessa donc jamais de la fréquenter. Il y eut bien-sûr les séjours de recherches personnelles, très réguliers : se passa-t-il une seule année sans qu'il ne vienne une ou plusieurs fois fréquenter la bibliothèque du palais Farnèse, des autres instituts, et, de plus en plus, la bibliothèque Vaticane, à mesure que s'affirmait son intérêt pour la transmission de l'antiquité par les humanistes (on se souvient du très beau livre sur Onofrio Panvinio qui parut dans la CEFR en 1996) ? À partir de 1983, sous la direction de Charles Piétri, il commença à être invité régulièrement à l'École pour tenir des séminaires et participer à des rencontres.

Il contribua aussi grandement à la bonne gestion de l'EFR, et c'est sur ce point que je voudrais insister à présent. Certes Jean-Louis n'a pas mis ses talents d'administrateur de la recherche au seul service de l'EFR, mais c'est certainement l'École qu'il a servie pendant le plus grand nombre d'années.

Dès 1989, il intégra le premier comité chargé du suivi scientifique de la bibliothèque de droit romain d'E. Volterra, déposée par ses filles auprès de la bibliothèque de l'EFR. Il fut un membre actif de ce comité jusqu'à sa mort. Au cours de ma direction, je l'ai beaucoup sollicité dans ce champ. Ainsi en 2019 encore, lorsqu'il s'est agi de rédiger, avec la famille Volterra, un nouvel acte sous seing privé pour encadrer le dépôt de la bibliothèque du grand juriste, acte dont il espérait beaucoup qu'il donnerait lieu dans un futur proche au don de la bibliothèque à l'École. Plus tôt, en 2013, il avait entrepris, à ma demande, le voyage depuis Paris pour aller à Sienne avec Annie Coisy, alors responsable de la bibliothèque, et moi-même, expertiser la bibliothèque du juriste Domenico Maffei, que sa famille envisageait de vendre à l'EFR. La chose ne se fit pas et, dès le départ, Jean-Louis avait avec raison douché mon enthousiasme pour cette proposition qui dépassait les moyens financiers et matériels de l'École. Son plaisir à manipuler ces livres plein de poudre insecticide, l'œil pétillant, était cependant bien réel. Annie Coisy et moi-même fûmes frappées par le sérieux de son expertise, et charmées par son humour qui illumine encore le souvenir de cette journée. Et comment ne pas mentionner la part active qu'il prit aux côtés de Dario Mantovani et Hélène Ménard, à partir de 2017, à la création et à l'encadrement des « ateliers Volterra », destinés à fournir aux jeunes historiens une approche des sources du droit romain, si importantes pour leur compréhension du monde antique.

Au-delà de son intérêt plus spécifique pour la bibliographie en droit romain, c'est son attachement à la bibliothèque de l'EFR dans son ensemble qu'il faut mentionner. Il entretint toujours des rapports étroits avec ses responsables successifs, leur prodiguant ses conseils d'achat. Il est un de ceux qui ont le plus participé à la richesse du fonds antiquité de la bibliothèque.

À partir de 2005, sa qualité de membre de l'AIBL lui permit de participer de plus près au pilotage de l'EFR placée sous la tutelle scientifique de l'Académie. À deux reprises, sous la direction de Michel Gras, il fut chargé du rapport général sur la vie et les activités de l'École, pour les années universitaires 2004-2005 et 2010-2011, avant de siéger dans les conseils de l'EFR à partir de 2011 et jusqu'à l'an dernier.

Lorsque j'arrivai comme directrice et suscitai sa candidature à la présidence du CA, une des préoccupations de Jean-Louis concernait les publications. Dans le rapport qu'il rédigea sur les activités de l'École en 2010-2011, il appelait à une poursuite de la réflexion en ce domaine sur plusieurs points où il se révélait visionnaire : la part à faire à des publications en ligne en dehors du support papier suivi de sa numérisation ; la pertinence du maintien d'une politique de tirage unique (ou presque) ; et l'abandon, au motif de la numérisation, de toute politique de réédition de volumes depuis longtemps recherchés et épuisés, qui pourraient être enrichis de mises au point par les auteurs encore vivants. Je partageais son analyse : le catalogue des publications venait de perdre quelques titres importants, réédités par des maisons privées. J'étais sensible à cet appauvrissement. Le cas risquait de concerner à court terme la BEFAR de Jean-Louis lui-même. Publié en 1988, son *Philhellénisme et Impérialisme. Aspects idéologiques de la conquête romaine du monde hellénistique de la seconde guerre de Macédoine à la guerre contre Mithridate*, œuvre majeure tirée de sa thèse d'État, était épuisé et fort recherché pourtant par les étudiants comme par les collègues. Son attachement aux intérêts de l'EFR faisait qu'il avait jusqu'alors repoussé la possibilité d'une réédition ailleurs. Il encouragea le comité éditorial des publications à créer une nouvelle collection offrant, au format de poche et à prix contenu, la réédition de titres devenus des références pour les chercheurs. Son *Philhellénisme et Impérialisme* fut un des premiers ouvrages réédités en 2014 dans les *Classiques* de l'EFR, enrichi par lui-même d'une importante postface dans laquelle il dressait l'état actuel des questions abordées et livrait une riche mise à jour bibliographique. Ce fut une des meilleures ventes de cette collection, au point que cette réédition est actuellement à son tour épuisée.

Plus largement, je veux souligner le rôle essentiel qu'il a joué dans le pilotage de l'institution au cours de la décennie 2010, au sein des deux conseils de l'École. Ses talents d'administrateur se sont exercés auprès de bien d'autres institutions, si bien que je ne surprendrai personne en soulignant ses compétences dans la lecture d'un budget, ses préoccupations pour l'entretien des bâtiments et la politique d'investissement, son attention à saisir les opportunités de financement, et ce toujours dans le souci de développer les moyens de la recherche et de la formation à la recherche. Je veux surtout rappeler combien, au cours de son premier mandat de président du CA, entre 2011 et 2014, dans un contexte budgétaire contraint et face à des injonctions de changement de la part de la tutelle ministérielle qui auraient pu menacer le fonctionnement des Écoles, il s'est, aux côtés des autres présidents des CA des EFE et de l'AIBL, mobilisé pour convaincre nos gouvernants de préserver la spécificité des Écoles, sans refuser pour autant des évolutions qui aboutirent à la création du Réseau des écoles françaises à l'étranger.

Ces compétences, pas si fréquentes de la part d'un très grand savant qui aurait pu se contenter de rester dans sa tour d'ivoire, il les mit, je l'ai dit, au service de la recherche et de la formation à la recherche qui est la mission première de l'École. J'insisterai en particulier pour conclure sur la très grande attention qu'il accorda toujours aux membres et à leur devenir, attention qui illustre son souci constant des jeunes générations de chercheurs. « J'ai l'impression d'avoir sans arrêt eu des portes qui se claquaient derrière mon dos ! », déclarait-il dans l'entretien de 2019 où il évoquait ses souvenirs de l'EFR. Conscient des difficultés toujours plus grandes de l'accès aux métiers de l'enseignement et de la recherche, il ne baissait pas pour autant les bras, et cherchait avec réalisme à faciliter l'accès de la jeune génération aux nouvelles opportunités. C'est pourquoi il ne refusa jamais des évolutions dont il voyait le caractère inévitable, ne se drapa jamais dans un conservatisme nostalgique et stérile. Pour les membres, il chercha avant tout à préserver ce temps de liberté qu'il avait lui-même tant apprécié à l'EFR. Pour ce faire, il adhéra complètement à la politique de recrutement de membres plus âgés que par le passé, en passe de finir leur doctorat d'université ou l'ayant déjà terminé, qui se dessina peu à peu sous les directions d'André Vauchez puis de Michel Gras, et que les directrices qui leur ont succédé n'ont cessé d'accentuer. Il s'agit désormais de concevoir le séjour à l'École comme un post-doctorat d'excellence, un complément de formation susceptible d'enrichir un *curriculum* et de faciliter la poursuite d'une carrière par la suite. Pour la même raison, Jean-Louis n'était pas du tout favorable au raccourcissement des séjours des membres, et aux candidatures qu'ils font parfois à la fin de leur 2e ou même de leur 1ère année de séjour farnésien. « Ils remettent en question la valeur du séjour à l'EFR ainsi que la signification du statut même de membre », déclarait-il au conseil de mars 2018. Ce temps de liberté, il souhaitait que les membres en profitent pleinement, même si je dus parfois le convaincre que, dans tel ou tel cas particulier, la sortie plus précoce d'un membre correspondait à une opportunité qu'il se devait de saisir en ces temps de vaches maigres. Il était d'ailleurs toujours soucieux du suivi des sorties des membres et soulignait combien, malgré une conjoncture difficile, les taux d'insertion de ces derniers dans le monde de la recherche et de l'enseignement supérieur restaient bons, pour peu que l'on prenne les évolutions dans les 2 ou 3 ans suivant la sortie.

Il fut aussi un de ceux qui attira l'attention de la commission d'admission sur la répartition des postes entre les sections, qui n'est pas déterminée dans les textes réglementaires et est votée globalement chaque année par le CA. Logiquement cela signifiait qu'une liste complémentaire unique devait être établie, sans distinction de la spécialité des candidats, et c'est ce que nous fîmes à la suite de sa remarque. En cela aussi, Jean-Louis prenait bien la mesure des évolutions de l'EFR, du nombre toujours plus important de candidats pour les époques moderne et contemporaine et pour les sciences sociales. En tant qu'antiquisant, il aurait pu ressentir ces changements comme une menace, mais il voyait plus grand et plus loin et il interprétait cette évolution comme le signe de l'ouverture et du rayonnement croissant de l'institution. Comme il le disait, le mot d'ordre pour la commission d'admission doit être la souplesse, tout en veillant à ce que les équilibres soient globalement respectés. L'attention doit porter en premier lieu sur la qualité des dossiers.

Cette attention portée aux membres alla de pair avec un plein soutien aux initiatives visant à élargir le vivier des chercheurs fréquentant l'EFR, avec la création en 2012, dans toutes les écoles du réseau, du statut de chercheurs résidents. Il estimait important en effet d'élargir la part des personnels scientifiques liés à l'École.

Dans l'entretien du printemps 2019, Jean-Louis déclarait : « Les années où j'ai été président du conseil d'administration, j'avais là un peu plus de responsabilités, j'ai fait vraiment ce que j'ai pu. C'est passé maintenant, de plus jeunes auront l'occasion de prendre le relais ». Une manière sobre, qui lui ressemble bien, d'évoquer l'appui infaillible qu'il apporta à l'EFR au cours de ces années, mettant à son service son intelligence, sa sensibilité, la sûreté de ses analyses toujours fondées sur un examen approfondi de la situation. Le relai est pris par de plus jeunes, n'en doutons pas, mais sa clairvoyance et la justesse de ses conseils manqueront encore longtemps à l'École.

Catherine Virlouvet
Professeur émérite Aix-Marseille Université-Centre Camille Jullian
Membre correspondant de l'Académie des Inscriptions et Belles Lettres

Caroline Noirot

SINE QUA NON.

UNE AVENTURE SCIENTIFIQUE SOUS LE SIGNE DE L'AMITIÉ
La Collection des Universités de France, série latine, dirigée par Jean-Louis Ferrary

Jean-Louis Ferrary a dirigé la Collection des Universités de France (CUF), série latine, pendant 20 ans. Et c'est précisément ce pan à la fois circonscrit et rayonnant de ses nombreuses activités que j'évoquerai aujourd'hui devant vous, ses amis et élèves.

En 2001, Paul Jal, vaillant directeur de la série depuis 1978, souhaitait, selon l'expression consacrée, « prendre du champ ». D'un accord unanime, Jean-Louis Ferrary fut choisi. Alain Segonds nous confiait tout à trac : « c'est un savant de tout premier plan, il saura donner naissance à d'excellentes éditions et l'homme est charmant ». Ainsi démarrèrent nos aventures.

Je travaillais alors au sous-sol de Raspail et ce fut donc en souterrain que nous fîmes connaissance. À l'époque, il n'y avait nulle place véritable pour ranger dossiers et manuscrits. Je plaidai donc pour l'acquisition de deux armoires, l'une évidemment carmin pour Jean-Louis, l'autre jaune d'or pour Jacques Jouanna. Jean-Louis fut très touché de ce détail domestique et je découvris au fil du temps qu'il l'était de tout geste d'attention auquel il prêtait lui-même et toujours grande attention. Il rangea dans cette armoire les dossiers en cours (5 pochettes) et les projets (75 pochettes), m'avertissant que du projet à l'édition, le chemin était bien rude. Il l'est, absolument. Chaque mercredi, Jean-Louis Ferrary ouvrait l'armoire, y plaçait quelques nouveaux projets et classait, dans les bons jours, une pochette d'éditions achevées.

Cette anecdote donne une assez bonne idée du lent avancement du travail et des espoirs – pas toujours déçus – de la direction de la CUF, dont les obstacles sont à la mesure des exigences.

Pendant 20 ans, avec le plein soutien de l'Association Guillaume Budé et des Belles Lettres, avec la complicité de Jean-Yves Guillaumin puis de John Scheid, Jean-Louis donna et tint le cap. À nos côtés, il demeure présent : John Scheid et Jean-Baptiste Guillaumin, actuels directeurs de la série, avaient toute son amitié et son estime intellectuelle.

Cahiers Glotz, XXXII, 2021, p. 39-43.

La collaboration qui fut la nôtre revêt un caractère d'exception. Et je ne dirai rien de l'indéfectible amitié qui unissait le directeur de la série grecque à celui de la série latine. La confiance partagée nous permit de lever maintes difficultés de tout ordre et de mettre au service de la CUF de nombreux savants de même que l'entière équipe des Belles Lettres.

La complicité nous engagea à soutenir, comme à l'origine, l'Association Guillaume Budé que Jean-Louis présidait concomitamment et auquel Michel Fartzoff, avec la même force discrète, succédera. Le respect et l'aide mutuels nous donnèrent des ailes et ce furent bientôt les séries *Editio Minor* (inaugurée par le Vitruve de Pierre Gros) ou *Bibliothèque allemande* (dirigée par Jean-Marie Valentin) qui bénéficièrent de ses encouragements et de sa curiosité livresque ; sans compter les projets plus spécifiques, pour bonne partie des travaux des élèves de Jean-Louis, qui trouvèrent son appui et leur place dans diverses collections. Citons les plus récents : *Le Droit pénal romain*, de Yann Rivière, *Tribut*, de Jérôme France, *Les Juristes écrivains* de Dario Mantovani ou (à paraître) *Dire le décor antique* d'un collectif de savantes dirigé par Delphine Lauritzen. Il fallut en revanche le convaincre de publier son propre travail, *Rome et le monde grec*, et sans le ferme appui de Denis Rousset, nous aurions probablement échoué.

Mais revenons à la CUF. À peine plus d'un siècle après sa fondation (épisode raconté en d'autres lieux), la Collection des Universités de France, publiée sous le patronage de l'Association Guillaume Budé, compte déjà 557 volumes dans la série grecque et 430 dans la série latine. Elle atteindra, d'ici quelques mois, les 1000 volumes en tout. Mais le matériel est loin d'être épuisé et il nous faudra encore des décennies pour remplir la mission initiale : à savoir, établir et traduire l'intégralité des textes grecs et latins écrits des origines jusqu'au Ve siècle après J.-C. et qui nous sont parvenus. Ainsi, de nombreux textes latins, y compris des textes classiques de grande importance, attendent encore d'être publiés ou méritent une nouvelle édition. Jean-Louis Ferrary en était préoccupé. Il l'était tout autant d'un sentiment d'amenuisement qu'il détaillait ainsi : disponibilité des éditeurs, vieillissement de collaborateurs assidus, génération de professeurs d'université surchargés de tâches administratives et qui, trop souvent, n'ont pas eu l'occasion de recevoir une véritable formation philologique à l'édition textuelle lorsqu'ils étaient étudiants ; jeunes docteurs qui rédigent des thèses prometteuses mais peinent à les transformer en éditions, ou ne trouvent pas le temps de le faire parce que leurs activités d'enseignement sont de plus en plus lourdes.

Néanmoins, c'est avec fierté que chacun peut regarder les progrès déjà réalisés, et se réjouir que la CUF continue à remplir sa tâche, alors que les autres importantes collections de textes classiques connaissent une baisse significative de leur production.

Dans la CUF latine, l'accent avait à l'origine été mis sur les classiques, de Plaute à Apulée. L'édition de ces textes aura pris du temps : celles des œuvres philosophiques de Cicéron et de l'*Histoire romaine* de Tite-Live ne sont pas encore terminées (il manque cinq livres de Tite-Live, et les *Academica*, *De natura deorum* et *De diuinatione* de Cicéron). Mais la CUF a connu un double développement que Jean-Louis Ferrary a fortement soutenu. Chronologique d'une part, avec l'inclusion de la littérature latine tardive. Parmi les publications récentes figurent la correspondance d'Avit de Vienne et deux volumes de celle d'Ennode de Pavie. Une autre extension de la CUF a été la prise en compte des littératures techniques et des grandes encyclopédies latines. Des éditions des principaux traités de Pelagonius et de Végèce ont été publiées ou sont en cours de préparation, ce qui permettra de disposer de textes nettement améliorés, tandis que quatre volumes des *Agrimensores* ont déjà été publiés. En pharmacologie, le volume des *Compositions médicales* de Scribonius Largus a paru en 2016. Pour les encyclopédies, l'édition de Pline l'Ancien est presque terminée (il ne manque que des parties des livres V et VI), et celle de Martianus Capella, commencée plus récemment, progresse rapidement (5 volumes déjà publiés). Les volumes de la CUF fournissent souvent la première traduction française de cette littérature technique, et parfois même la première traduction dans une langue moderne, et la traduction, première interprétation du texte, est inséparable d'une réflexion approfondie sur son édition.

Et justement, qu'est-ce qu'une excellente édition ?

En octobre 2018, Jean-Louis Ferrary, accompagné de John Scheid, donna une longue conférence au Dôme de Milan, à l'invitation du cardinal Borgonovo. La réponse à la question est la sienne, que je traduis, et que l'on pourrait intituler « De l'importance de l'appareil critique pour les textes latins » :

> Idéalement, l'édition est destinée à reproduire le texte de l'auteur lui-même. Dans le cas des textes latins ou grecs, nous ne disposons que de manuscrits copiés des siècles après le texte original, et le géniteur de ces manuscrits, l'archétype, n'est pas le texte original, mais un lointain descendant, souvent révisé une ou plusieurs fois, avec le risque (surtout pour les textes poétiques) de réécritures sous prétexte d'émendations. Cela explique la valeur des papyrus littéraires, très fragmentaires et aussi souvent défectueux, mais antérieurs aux révisions de l'Antiquité tardive. Pour reconstruire un texte proche de l'original à partir de manuscrits médiévaux ou humanistes, le philologue dispose de deux moyens, la *recensio* et *l'emendatio*, la collecte de données et la correction. La *recensio* est le processus de regroupement et de classification des données fournies par les manuscrits. Cette classification permet d'identifier des familles de manuscrits unies par des erreurs communes importantes, de hiérarchiser les manuscrits à l'intérieur de chacune de ces familles, en éliminant de l'appareil tous ceux qui descendent d'un manuscrit parvenu jusqu'à nous, de hiérarchiser également les différentes familles, et d'identifier les enseignements qui proviennent probablement de l'archétype (qui n'est pas nécessairement le manuscrit original, mais l'hypothétique géniteur de tous les manuscrits conservés).
>
> Cette méthode peut ne pas être utilisable, par exemple, lorsque la tradition manuscrite débute par un nombre important de codex plus ou moins contemporains, et déjà contaminés, de sorte qu'un *stemma codicum*, c'est-à-dire une traduction graphique de la distinction et de la hiérarchisation des familles, ne peut être proposé. Heureusement, cette situation, qui est par exemple celle de Priscien, célèbre grammairien du VIe siècle redécouvert et largement copié au IXe siècle, est assez rare. Idéalement, la *recensio* supposerait la connaissance de tous les manuscrits, afin d'identifier ceux qui peuvent contribuer à la reconstruction de l'archétype, et d'éliminer les autres. Ce travail est toujours en cours, et permet notamment d'identifier, parmi les manuscrits relativement récents, ceux qui appartiennent à des familles non représentées par les *codices* anciens (selon le principe *recentiores, non deteriores*). Les progrès de la *recensio*, même s'ils n'impliquent pas nécessairement des changements majeurs au texte publié,

permettent de mieux le justifier : ils peuvent améliorer le texte lui-même, et ils le feront certainement pour l'appareil critique.

L'*emendatio*, quant à elle, permet de dépasser les limites de la *recensio*. L'archétype lui-même n'est pas exempt d'erreurs, et cela est d'autant plus vrai s'il est chronologiquement très éloigné du texte original. L'éditeur doit donc proposer des corrections aux leçons des manuscrits, ou adopter des corrections déjà proposées par certains de ses prédécesseurs. L'*emendatio* se fait avec l'aide de l'esprit, en fonction des qualités du correcteur, de sa connaissance de la langue de l'auteur, mais aussi de l'histoire, de la mythologie, des réalités de la vie antique. Il faut voir et entendre si le texte des manuscrits est erroné, même s'il n'est pas inadmissible du point de vue de la grammaire ou de la métrique. Et si c'est le cas, il faut proposer une correction, ou au moins indiquer que le texte des manuscrits est défectueux. Il faut aussi essayer d'éviter deux excès opposés : corriger un texte qui peut être justifié, ou maintenir un texte qui n'a pas de sens. C'est un exercice très délicat, que l'appareil critique contribue à justifier, en indiquant la source des conjectures proposées ou reprises par les rédacteurs précédents, mais aussi en mentionnant les propositions non retenues, mais jugées dignes d'intérêt. Comme on le voit, l'édition de textes anciens étant une reconstruction, elle a le devoir de fournir au lecteur les matériaux qui lui permettent de juger si (et dans quelle mesure) cette reconstruction est fiable. Une lecture sérieuse d'un texte ancien exige la capacité de lire et d'utiliser l'appareil critique pour les passages les plus difficiles ou les plus dignes d'attention et d'intérêt. On ne peut pas attendre de tous les lecteurs qu'ils utilisent systématiquement l'appareil, mais il faut fournir un outil suffisamment clair et simple pour informer le lecteur curieux.

Enfin, quelques mots sur les annotations. Les premières éditions de la CUF comportaient très peu d'annotations, alors que leur nombre et leur longueur ont considérablement augmenté ces dernières années. Il y a plusieurs raisons à cela. La première est que la connaissance de l'Antiquité que l'on peut supposer d'un lecteur n'est plus ce qu'elle était il y a cent ans : sur l'histoire, sur la mythologie, nous devons donner des informations qui, autrefois, auraient pu sembler inutiles. Une deuxième raison est qu'on ne peut pas donner une édition d'un texte technique, ou d'un texte philosophique, sans éléments de commentaires qui peuvent être assez longs. Les notes sont le complément nécessaire de l'appareil critique pour la justification du texte imprimé, et de la traduction pour sa compréhension. La juste mesure réside dans ce caractère nécessaire : si l'absence d'information ne provoque pas une impression de manque, nous sommes dans le commentaire systématique plutôt que dans les annotations. Mais là encore, la mesure peut être difficile à respecter.

J'ai essayé d'esquisser ce qui serait, à mon avis, une édition excellente, voire idéale. Je ne prétends pas que tous les volumes de la CUF, et de sa série latine, atteignent ce niveau, mais les principes fondamentaux, la coexistence d'un texte fondé sur un appareil critique et d'une traduction, l'ajout d'annotations pour expliquer les choix les plus difficiles dans la reconstruction du texte et son interprétation, me semblent essentiels.

C'est avec cette conviction savante que Jean-Louis Ferrary dirigea l'édition de plus de 70 volumes de la série latine : plusieurs livres de Tite-Live, d'Arnobe, d'Ennode de Pavie, de Pline l'Ancien, de l'*Histoire Auguste*. Mais aussi Columelle, Valérius Flaccus, Cassius Felix, Victor de Vita, Gargilius Martialis,

Martianus Capella, Venance Fortunat, Properce, Dosithée, Rutilius Namatianus, Commodien, Palladius, Servius, Justin, Arator, Claudien.

Que ne raconte pas ce catalogue ? Bien des choses.

Jean-Louis Ferrary avait à cœur l'honnêteté intellectuelle et l'exigence. Il avait aussi à cœur de ne pas faire souffrir. Il allait donc lentement. Pendant ces années, nous avions l'habitude de nous rencontrer chaque semaine, de nous réunir chaque mois pour la CUF. Ses silences qui pudiquement cachaient les difficultés diverses en disaient long sur la nature de l'homme. Jamais il ne versait dans la médisance ou le refus de responsabilité. Souvent son rire balayait les problèmes, ou plutôt les posait à leur juste place. C'était ce même rire qui trébuchait au seuil de la librairie. Longtemps, je l'imputai à son étourderie légendaire. Je me trompais. La cause en était sa hauteur de vue.

Caroline Noirot
Directrice de La Société d'édition Les Belles-Lettres

Michel Fartzoff

JEAN-LOUIS FERRARY ET L'ASSOCIATION GUILLAUME BUDÉ

Lorsqu'il reçut son épée d'académicien en 2007, Jean-Louis Ferrary avait rappelé que le serment des Horaces qui y était vraisemblablement représenté avait pour lui une signification particulière : « Le symbole de ce qu'aucun résultat n'est obtenu par un individu seul », et « le caractère nécessairement collectif de toute recherche fructueuse. » C'était là, de la part du grand savant qu'il était, et qui a tant apporté à la recherche à la confluence du monde grec et du monde latin, une élégante et sincère générosité, qui répond pleinement au rôle essentiel qu'il a joué au sein de l'Association Guillaume Budé comme directeur de la série latine de la Collection des Universités de France (CUF) et comme président de l'Association. Émule de Jacqueline de Romilly, travaillant comme helléniste en littérature grecque des périodes archaïque et classique, et en particulier sur la tragédie grecque, je n'ai vraiment connu Jean-Louis Ferrary que récemment, même si j'avais lu plusieurs de ses travaux. Je l'avais pourtant rencontré une fois, mais dans des circonstances bien particulières : lorsqu'il siégeait comme examinateur aux côtés de Louis Holtz au concours d'entrée à l'École Normale Supérieure ; je n'avais qu'imparfaitement traduit le texte de Tite-Live qui m'avait été proposé, et bien conscient de mes faiblesses, j'étais – je dois l'avouer – très inquiet de cet examinateur au visage apparemment impassible qui commençait à m'interroger d'un ton sévère ; mais je me rendis vite compte que chacune de ses questions était en fait autant de mains tendues qui me donnaient une seconde chance, et qui me permirent d'avoir une note honorable. C'était bien cette alliance d'exigence et de compréhension bienveillante qui reste présente à mon esprit au moment d'évoquer le rôle de Jean-Louis Ferrary à la présidence de l'Association Guillaume Budé. Caroline Noirot a rappelé avec émotion le rôle essentiel qu'il a joué comme directeur de la série latine de la Collection des Universités de France, où il avait pris en 2001 la succession de Paul Jal, qui l'avait dirigée pendant 23 ans : M. René Martin, alors secrétaire général, notait déjà que Jean-Louis Ferrary s'était aussitôt attelé à la tâche « avec une rigueur et une vigueur au-dessus de tout éloge[1] » : assurément, nul n'était plus qualifié que lui, dont les travaux ont porté sur la littérature et l'histoire

1. *BAGB* 2001, 3, p. 259

latines, et en particulier sur le cercle des Scipions, et qui dépassait les divisions non seulement entre romanistes et hellénistes, mais aussi entre philologues et historiens : car, comme il le dit lui-même dans son discours lors de la remise de son épée : «je n'ai jamais cessé d'être philologue même lorsque je suis devenu historien ». Au bureau de l'Association, à partir de 2009, il retrouvait en outre Jean Céard, professeur émérite de littérature française du XVIe siècle à Paris X, spécialiste de l'humanisme, attaché au lien entre littérature latine et littérature française et néo-latine à la Renaissance, et qui joue un rôle de premier plan dans plusieurs de nos congrès ; mais Jean Céard fut, surtout, au lycée Pothier d'Orléans, le professeur de Jean-Louis Ferrary ; il lui inculqua sans doute déjà ce goût pour les humanistes et les livres anciens si importants pour Jean-Louis Ferrary. C'est en juin 2011 que Monsieur Jacques Jouanna, président, déjà directeur de la série grecque de la CUF depuis 1993, devant prendre en charge aux Belles Lettres en plus les fonctions éditoriales qu'assurait Alain-Philippe Segonds au moment de sa brutale et tragique disparition, décida de quitter la présidence de notre Association et proposa que Jean-Louis Ferrary lui succédât, tous deux travaillant depuis longtemps en parfaite intelligence, et en totale complicité intellectuelle. Jean-Louis Ferrary, on le sait, n'était pas seulement latiniste et helléniste : il était un spécialiste des antiquaires, et des juristes de la Renaissance, auxquels il a consacré plusieurs livres[2] et il connaissait parfaitement les institutions et le droit romain : sa large culture et sa grande ouverture d'esprit le prédestinaient à présider notre Association Guillaume Budé, placée sous le patronage du grand humaniste du XVIe siècle, lui-même esprit savant en grec, en latin et en droit antique, et père de nos humanités. De fait, vous le savez, notre association ne patronne pas moins de quatre collections importantes, la Collection des Universités de France, série grecque et série latine, les Études anciennes, les Auteurs latins du Moyen-Age, les Classiques de l'Humanisme, chacune dirigée par un grand spécialiste : lors de nos réunions du bureau, environ tous les deux mois et parfois tous les mois durant l'année universitaire, les directeurs de collection exposent les livres dont ils assurent la mise en œuvre et le suivi scientifique ; lors de ces rencontres, Jean-Louis Ferrary se distinguait toujours par son acribie, et son énergie à suivre en détail l'avancée des collections. Sous sa présidence, et grâce aux directeurs de collection, ce sont plus de cent volumes qui furent publiés dans les collections, selon un rythme régulier, en particulier pour la CUF, et cela grâce à la maison d'édition des Belles lettres et à sa présidente Caroline Noirot, qui a travaillé en si bonne entente avec Jean-Louis Ferrary. La charge était lourde, et Jean-Louis Ferrary l'assuma totalement, en même temps que la direction de la CUF latine, que Jean-Yves Guillaumin, puis son collègue et ami John Scheid co-dirigea avec lui à partir de 2016.

À la présidence de l'Association Guillaume Budé, Jean-Louis Ferrary déploya une activité qui ne fut pas seulement scientifique, mais qui concernait aussi la vie des Humanités dans tous leurs aspects, y compris administratifs. Sa grande expérience de l'administration de la recherche, notamment dans la direction du centre Gustave Glotz, lui permit de gérer au mieux notre association dans cette période souvent difficile pour nos études et pour

2. Notamment *Onofrio Panvinio* et les *Antiquités romaines*, Rome, Collection de l'École Française de Rome, 1996.

les défenseurs des humanités. C'est ainsi qu'il multiplia les interventions, signa et cosigna de nombreux textes et de nombreuses motions avec d'autres associations, notamment l'Association des Études grecques et la Société des Études latines, l'Aplaes ou Sauvegarde des Enseignements littéraires, pour promouvoir les Humanités en France, mais aussi en Europe, lorsque tel ou tel poste en Humanités classiques était menacé.

Dès sa prise de fonction, Jean-Louis Ferrary eut en outre à présider notre XVIIe congrès international organisé à Lyon en août 2013 par Mme Sylvie Franchet d'Espèrey et Isabelle Boehm, consacré à *L'Homme et ses passions*, et dont le président Jacques Jouanna avait déjà posé les jalons. Ces congrès, tous les cinq ans, jouent un rôle essentiel dans le rayonnement de l'humanisme et contribuent à celui de la culture française ; ils bénéficient du patronage des plus hautes autorités de l'État et en particulier de l'Académie française, de l'Académie des Inscriptions et Belles-Lettres et de l'Académie des Sciences morales et politiques. Dans cette organisation, Jean-Louis Ferrary dépensa beaucoup d'énergie : grâce à ses nombreux contacts, il contribua activement à la composition des commissions avec Sylvie Franchet d'Espèrey et Isabelle Boehm, participa à l'Assemblée générale de l'importante section Budé de Lyon, rencontra le directeur de l'ENS, et contribua avec les collègues lyonnais à assurer la coordination entre l'université Lumière Lyon 2, l'université Jean Moulin Lyon 3, l'École Normale Supérieure de Lyon et la Maison de l'Orient et de la Méditerranée Jean Pouilloux ; le résultat de ce travail collectif est un beau volume de 850 pages, publié grâce aux Belles Lettres, et qui porte sur le diptyque raison/passion, en enracinant la réflexion dans la tradition antique, mais en allant jusqu'à la psychanalyse, et en étudiant de manière originale à la fois la réflexion philosophique et la création littéraire, les rapports introductifs permettant de faire le bilan des connaissances. Jean-Louis Ferrary était fier de ce travail collectif qu'il avait mené, et de cette belle illustration de la vocation de l'Association : « tenir ensemble toute la tradition humaniste, c'est-à-dire la littérature et la civilisation grecque, latine et française[3] ».

Jean-Louis Ferrary organisa aussi, avec l'aide très efficace de Monsieur Dominique Mulliez, le congrès du centenaire de l'Association Guillaume Budé, avec la participation du Recteur de Paris, de Sorbonne Université de l'Académie française et de l'Académie des Inscriptions et Belles Lettres : notre président d'honneur, Monsieur Jacques Jouanna, avait montré de manière très éclairante lors du congrès de la FIEC à Bordeaux, auquel participait notre association, l'importance de l'appel du 24 février 1917 où Paul Girard, Maurice Croiset et Paul Mazon avaient créé l'Association Guillaume Budé, bientôt aidée à la réalisation de son programme par la création de la société d'édition des Belles Lettres en 1919. Le congrès de 2018 avait donc une importance exceptionnelle pour l'histoire de l'Association Guillaume Budé, que dit bien son titre : « Éditer, traduire, annoter les textes au XXIe siècle. Poursuivre la tradition humaniste » ; publié dans le Bulletin de notre association dès 2019[4], il est précédé d'une importante introduction par Jean-Louis Ferrary : il y souligne la réflexion menée sur l'édition des textes, « en tenant compte des apports techniques les plus récents » (notamment la technologie

3. *L'Homme et ses passions*, Actes du XVIIe Congrès international de l'Association Guillaume Budé, Lyon 26-27 août 2013, Paris, Les Belles Lettres, 2016, p. 7.

4. *BAGB*, 2019, 1.

numérique), mais en s'inscrivant « dans la perspective humaniste » (*BAGB*, 2019, 1, p. 5). Ce congrès s'ouvrait par une histoire de la création du *Bulletin*, par Alain Billault, et par une présentation du colloque Guillaume Budé par Christine Bénévent et Luigi-Alberto Sanchi – colloque qui avait été organisé peu avant –, et se poursuivait par des interventions des plus grands savants étrangers et français sur la question : Christian Förstel, Didier Marcotte, Dominique Briquel, Anne-Isabelle Bouton-Touboulic, Bruno Bureau, Romain Menini, Jean Céard, Anthony T. Grafton, Jacques Jouanna. Le rayonnement scientifique de Jean-Louis Ferrary avait permis cette réunion autour d'un thème qui lui était particulièrement cher, et je me souviens avec émotion de son sourire heureux lors de ses échanges avec ses confrères auxquels le liaient des liens à la fois scientifiques et personnels. Jean-Louis Ferrary présida ainsi deux congrès essentiels, où il rappela avec la force de conviction qui était la sienne la mission fondamentale de notre association dans l'édition savante, sous le patronage de Guillaume Budé.

Mais l'activité inlassable de Jean-Louis Ferrary ne s'est pas limitée aux congrès qu'il coorganisa et qu'il présida : il saisissait toute occasion de rappeler le rôle de notre association dans les publications dans des émissions importantes ainsi à France Culture, notamment en décembre 2012 dans une émission consacrée au « Secret professionnel de la Collection Budé : les écrivains latins » d'abord, puis « les écrivains grecs », et où il soulignait l'importance de la CUF ainsi que des autres collections savantes soutenues par l'Association et publiées aux Belles Lettres.

C'est sa voix respectée qui assura aussi notre présence au sein de la FIEC, dont notre association fait partie des membres fondateurs avec l'Association des Études grecques et la Société des Études latines : il participa ainsi à une importante assemblée générale des délégués à Bari en 2012, et au congrès lui-même, à Bordeaux en 2014, organisé par Valérie Fromentin, congrès d'autant plus important que celui-ci se déroulait en France pour la seconde fois depuis 1950, 64 ans plus tard, et qu'il était président d'honneur ; lors de ce congrès une soirée fut organisée à la libraire Mollat, où les deux directeurs de la CUF, Jacques Jouanna pour la série grecque, et Jean-Louis Ferrary pour la série latine, avec la collaboration de Véronique Boudon-Millot, ont fait une présentation suivie par un nombreux public de la Collection des Universités de France un siècle après, présentation publiée dans le *BAGB* de 2015 (*BAGB*, 2015, 1, p. 55-88). Attentif au rayonnement international de nos études, auquel il contribua de manière exceptionnelle par ses propres travaux, il s'assurait toujours de leur enseignement en France même : il veillait ainsi à ce que notre association participât à l'assemblée générale annuelle de l'Association des Professeurs de Langues anciennes de l'Enseignement supérieur, car il mesurait toutes les difficultés liées à la recherche et à l'enseignement supérieur s'agissant des enseignements de langues anciennes, et il était très sensible à la nécessité de former de nouvelles générations capables non seulement de prendre la relève de la recherche scientifique dans nos disciplines, mais aussi de transmettre à leur tour l'importance de l'héritage humaniste.

C'est pourquoi il se réjouissait des activités des nombreuses sections régionales de notre Association, menées avec ferveur et dévouement par leurs présidentes et présidents aidés des membres de leurs bureaux : ce maillage essentiel sur notre territoire permet aux Humanités de vivre intensément auprès d'un public varié, et

Jean-Louis Ferrary vint dans plusieurs d'entre elles lors de leur assemblée générale ou pour donner des conférences toujours très appréciées.

Faire connaître la recherche et la diffuser au-delà du champ des spécialistes a toujours été une mission fondamentale de Guillaume Budé : Jean-Louis Ferrary avait à cœur d'assurer la meilleure diffusion au *Bulletin de l'Association Guillaume Budé*, qu'Alain Billault dirigea très efficacement jusqu'à une date récente, Mme Agnès Rouveret prenant aimablement sa suite à la demande conjointe de Jean-Louis Ferrary et de Jacques Jouanna. Jean-Louis Ferrary contribua ainsi à rendre possible la numérisation du *Bulletin* sur « Persée », ce qui permit un rayonnement important, le *Bulletin* étant jusque-là réservé aux membres de l'Association ou à la consultation en bibliothèque ; ce bulletin réunit en effet, dans la grande tradition humaniste qui est la sienne, articles sur l'Antiquité grecque, sur l'Antiquité latine, mais également sur la littérature française, d'une manière à la fois savante et originale, presque unique dans nos études, et Jean-Louis Ferrary y était particulièrement attaché et très attentif à ce que cette tradition se maintînt.

Mais à travers l'humanisme, dont il fut un ardent promoteur, s'exprime aussi la qualité d'un homme et d'une vie : la science et la culture de Jean-Louis Ferrary étaient indissociables de ses profondes qualités humaines, qui le rendaient si attachant pour nous tous. Il savait créer entre nous et avec notre secrétaire, dans les tâches les plus simples et les plus nécessaires à la vie d'une association, un climat de sérieux teinté d'une sensibilité et d'un humour qui traduisaient son attention aux autres. Jusqu'au bout il assuma ainsi son rôle avec un courage et une discrétion admirables, un dévouement total, veillant à aider le nouveau président que j'étais de sa présence et de ses conseils alors même qu'il était pourtant très souffrant ; il restait aimable et souriant dans les épreuves comme dans la vie.

Son vaste savoir et ses conseils avisés, mais aussi ses très grandes qualités humaines vont manquer à nous tous, qui l'admirions ; il constitue pour nous un modèle de science et d'humanisme à faire vivre. Jean-Louis Ferrary restera ainsi dans nos mémoires, dans nos esprits et dans nos cœurs : Monsieur le Président, nous ne vous oublierons pas.

Michel FARTZOFF
Président de l'Association Guillaume Budé

Emmanuelle Chevreau

JEAN-LOUIS FERRARY ET L'INSTITUT DE DROIT ROMAIN

L'Institut de Droit romain a été créé au sein de la faculté de Droit de l'Université de Paris par un arrêté du 25 novembre 1946 à l'initiative d'Henry Lévy-Bruhl, professeur de droit romain, mais aussi sociologue et anthropologue du droit. L'Institut de Droit romain fut conçu, pour reprendre les termes de son fondateur dans le discours qu'il prononça à l'occasion de son inauguration, comme un temple « voué au culte du droit romain[1] ». Le champ de ses activités, sous forme de cycles annuels de conférences, fut dès l'origine plus vaste que ne le laissait présumer le nom de l'Institut. L'ambition de Lévy-Bruhl était de créer ou récréer, à l'issue de la seconde guerre mondiale, un dialogue scientifique entre savants français et internationaux partageant un intérêt commun pour les droits de l'Antiquité. Très rapidement, le but fut atteint et l'Institut de Droit romain devint un espace d'échanges scientifiques et amicaux entre juristes et historiens.

Dès la création de l'Institut, cette collaboration se formalisa par l'entrée, dans le conseil d'administration de l'Institut, d'éminents historiens de l'Antiquité qui y siégeaient aux côtés des juristes et du futur Président du Conseil Paul Ramadier qui y demeura jusqu'à sa mort en 1961. Les premiers membres historiens n'étaient autres qu'Aymard, Bayet, Gernet, Marouzeau, Piganiol, puis Dain (1954), puis Saumagne (1962), Perrat (1963) et Durry (1964) et Seston (1965)[2].

Les circonstances qui portèrent Jean-Louis Ferrary à être associé à la vie de l'Institut de Droit romain sont de deux ordres. Il y avait déjà son goût prononcé pour les institutions politiques grecques et romaines. Et puis, il y avait ses liens étroits avec Claude Nicolet, lui-même un fidèle des conférences de l'Institut de Droit romain. À partir de la fin des années 1970, J.-L. Ferrary devint lui aussi un fidèle auditeur du cycle de conférences où il retrouvait ses collègues et amis du séminaire de C. Nicolet à la IVe Section : S. Demougin, J. Scheid, J.-M. David, M. Corbier, J. Andreau, C. Virlouvet, C. Moatti, P. Botteri pour ne citer que

1. Lévy-Bruhl 1947, p. 15-25.

2. À partir de 1971, le conseil d'administration ne fut plus mentionné sur les affiches annonçant chaque année le programme des conférences. Il fit place à un conseil scientifique de l'Institut de Droit romain composé dans le même esprit que le conseil d'administration des origines : juristes romanistes, historiens de Rome, du monde grec et de l'Orient méditerranéen ancien.

Cahiers Glotz, XXXII, 2021, p. 51-57.

quelques noms. Selon la terminologie en vigueur entre eux, comme me l'a rappelé récemment John Scheid, ils allaient « au droit romain » le vendredi soir.

Au cours des années 1980, J.-L. Ferrary entra dans le conseil scientifique de l'Institut de Droit romain, dirigé alors par son ami Michel Humbert et y demeura jusqu'à sa disparition à l'été 2020. Pendant ces années, il contribua à inviter les plus illustres historiens de Rome ou de la Grèce : C. Ampolo, A. Lintott, S. Panciera, A. Fraschetti, A. Giardina, E. Peruzzi, G. Alföldy, W. Nippel, L. Migeotte, E. Flaig, W. Harris, R. Haensch, W. Eck, pour ne citer que quelques noms de savants étrangers, auxquels il conviendrait d'ajouter une longue liste d'éminents collègues historiens français. Sa dernière participation au conseil de l'Institut date de juin 2020 et prit la forme d'un e-mail, car nous étions au cœur de la pandémie, dans lequel il se réjouissait de l'entrée de Catherine Virlouvet au conseil scientifique et me suggérait d'inviter Yann Rivière pour le prochain cycle car « il a certainement quelque chose d'intéressant à dire ».

Par son implication dans le conseil scientifique de l'Institut de Droit romain, J.-L. Ferrary a incontestablement contribué au rayonnement national et international et à entretenir ce précieux dialogue scientifique entre juristes et historiens qui demeure aujourd'hui encore le trait distinctif de l'Institut.

Il est vrai que depuis 2005, date de son élection à l'Académie des Inscriptions et Belles lettres, il ne pouvait plus assister aux conférences de l'Institut de Droit romain qui tombaient malencontreusement le vendredi après-midi, en même temps que les séances de l'Institut.

Sa dernière participation à un évènement de l'Institut de Droit romain fut en 2018 à l'occasion de la journée de présentation de l'ouvrage, *Quintus Mucius Scaevola* qu'il avait coécrit avec A. Schiavone et E. Stolfi dans le cadre du projet ERC *Scriptores Iuris Romani* dirigé par son ami Aldo Schiavone[3]. Ce fut l'occasion de réunir autour de Jean-Louis ses collègues et amis (M. Humbert, J. Scheid, J.-M. David, D. Mantovani) pour un débat scientifique digne de ceux auxquels il avait pris part dans le cadre des conférences de l'Institut de Droit romain depuis la fin des années 1970.

L'Institut de droit romain dispose d'archives reproduisant les conférences et les discussions qui s'en suivirent entre 1951 et 1999[4]. C'est sur cette base que je souhaite maintenant faire revivre le souvenir de J.-L. Ferrary à travers sa participation active aux conférences de l'IDR soit en tant qu'intervenant dans la discussion, soit en tant que conférencier. Les archives contiennent une grosse trentaine de conférences qui sont autant de témoignages vivants où J.-L. Ferrary livre ses réflexions sur les conférences ou défend ses positions doctrinales de manière spontanée, j'entends par là sans le philtre de l'écrit où chaque mot est pesé et le propos lissé. Je me limiterai à quelques exemples et renvoie à la liste des

3. Ferrary, Schiavone, Stolfi, 2018.

4. De 1946 à 1950, les interventions ont été reproduites dans les Publication de l'Institut de Droit romain de l'Université de Paris publiées par l'éditeur Sirey. De 1951 à 1999, les conférences et discussions ont été enregistrées, puis dactylographiées et conservées dans les fonds des bibliothèques Noailles et Collinet de l'université Paris II Panthéon-Assas. L'enregistrement des conférences et discussions s'est malheureusement arrêté à la fin de cycle 1998-1999 quand la personne qui en avait la charge est partie à la retraite sans être remplacée.

conférences auxquelles il a pris part en qualité d'orateur ou de « contradicteur » dans la discussion.

Au préalable permettez-moi de présenter brièvement l'atmosphère des conférences de l'Institut de Droit romain. Elles se tenaient à la salle Collinet, dans le bâtiment de l'ancienne faculté de Droit située place du Panthéon. Le conférencier était installé au bureau et assis sur le fauteuil de Collinet sous le regard sévère et tutélaire des portraits respectifs de Paul Collinet et Pierre Noailles. Face au conférencier, la salle avec deux rangées de fauteuils noirs et cinq rangées de simples chaises. Les fauteuils étant réservés aux *seniores* au nombre desquels figuraient entre autres le directeur de l'Institut, A. Magdelain, J. Gaudemet, A. Piganiol, J. Bayet, Cl. Nicolet, A. Chastagnol pour ne citer que quelques noms. Sur les chaises prenaient place les *iuniores* et dans le fond de la salle se tenaient les doctorants intimidés et silencieux. À l'issue de la conférence, la parole était donnée aux *seniores* qui plaçaient le conférencier sous le feu de questions croisées, la discussion durait souvent bien plus longtemps que la conférence elle-même.

C'est dans ce contexte assez codifié que sont intervenues les premières prises de parole de J.-L. Ferrary, dans le cours de la discussion, alors qu'il n'était à l'époque que maître-assistant à la Sorbonne. Sa première manifestation orale, rapportée par les archives des conférences, est en mars 1979 après la conférence de Sherwin-White sur *La pensée de Caius Gracchus dans les procédures de la* lex repetundarum, un thème de recherche cher à J.-L. Ferrary. Selon l'ordre habituel, la parole est donnée à Nicolet, puis à Magdelain qui félicitent Sherwin-White de son interprétation de la loi sempronienne à laquelle ils adhèrent totalement. Arrive ensuite l'intervention de J.-L. Ferrary, à peine âgé de 30 ans à cette date et qui, faisant l'économie des félicitations d'usage adressées à l'orateur, lui fait remarquer que le fragment 28 de la loi de Tarente (qu'il cite de mémoire) est une objection à la position du professeur Nicolet et à celle du conférencier. Sherwin White répond alors : « Vous avez raison, c'est ma faiblesse. »

On notera que déjà aucune hésitation ou approximation n'échappait à sa connaissance encyclopédique des lois républicaines.

Quelques années plus tard en 1983, E. Rawson venait de terminer sa conférence intitulée : *Quand les Romains cessèrent-ils de réduire les Italiens en esclavage* ? Elle recueillit alors l'assentiment admiratif de M. Humbert, J. Gaudemet, A. Magdelain, H. van Effenterre, H. Bruhns, Fr. Hinard et Cl. Nicolet. Ferrary intervint *in fine* disant ne pas être totalement convaincu par son interprétation de la rançon chez les Romains ni par sa compréhension du passage de Polybe. Un débat s'instaura entre eux et E. Rawson, à court d'arguments, finit par répondre qu'elle n'avait pas d'avis tranché sur la question et changeait d'opinion très souvent.

Je souhaite maintenant évoquer la première conférence prononcée par J.-L. Ferrary à l'Institut de Droit romain le 3 décembre 1982. Il inaugura le cycle de conférences 1982-1983, à l'invitation de son ami Michel Humbert, le nouveau directeur de l'Institut.

Il y aborda le thème suivant : *Le statut des cités de Sicile et d'Illyrie au IIIe siècle avant J.-C. : à propos des origines de la* civitas libera. Il présentait un aspect de sa thèse d'État, *Philhellénisme et impérialisme*, qu'il était en train de rédiger[5]. Il récolta un concert de louanges de l'auditoire et ne fut pas soumis à l'habituel feu des questions croisées. M. Humbert, alors nouveau directeur de l'IDR déclara : « La richesse de ta conférence et le caractère tout à fait impeccable de ta démonstration facilitent dans un certain sens mon travail car je ne peux que te donner immédiatement des félicitations et je crois qu'elles seront partagées par tout le monde. » Nicolet ajouta ensuite : « Je ne peux que féliciter et admirer J.-L. Ferrary. J'ai été frappé par la cohérence du raisonnement, je suis tout prêt à suivre ses conclusions. »

La tonalité de la discussion ne fut pas du tout la même à l'occasion de la conférence du juriste romaniste allemand, Wilhem Simshauser, sur *La juridiction municipale de la* lex Irnitana, le 17 mars 1989. Selon l'ordre habituel des interventions, le directeur de l'Institut (M. Humbert) allia avec subtilité un rapide résumé de l'intervention pour ceux qui, dans l'auditoire, n'auraient pas tout saisi et des questions très précises sur l'*intertium*, l'ordre de l'édit chez Lenel, la citoyenneté des juges choisis à l'occasion de la deuxième phase du procès. A. Magdelain prit la parole pour s'interroger sur la présence surprenante et unique, dans le texte de la *lex Irnitana*, des mots *iudici datio addictio.* Il s'ensuivit une controverse serrée entre A. Magdelain et M. Crawford. Aucun des deux ne céda. C'est le moment que choisit A. Chastagnol pour exposer une idée personnelle sur la *lex Irnitana*, qu'il reconnaissait d'ailleurs être très contestée par beaucoup de ses collègues, à savoir que cette *lex* pourrait être une loi romaine concernant un municipe de droit latin, se préoccupant à ce titre beaucoup plus des citoyens que des non-citoyens qu'elle passait sous silence. Dans l'hypothèse où ceux-ci étaient désignés juges, ils donnaient simplement leur onomastique et nomenclature de type pérégrin et cela levait la difficulté occasionnée par la mention dans la loi des *tria nomina* des juges. J. Gaudemet contesta fermement cette proposition. Le débat se poursuivit, le conférencier était dubitatif et n'y prenait plus part. Et c'est à ce stade qu'intervient *in fine* J.-L. Ferrary, souhaitant juste faire une remarque : « On a ici les différentes catégories d'onomastique d'un citoyen romain, l'idée de M. Chastagnol ne me paraît pas devoir être rejetée si vite parce qu'un citoyen romain n'a pas nécessairement un *cognomen*. Il n'empêche que lorsqu'on donne la liste des éléments onomastiques, on donne un élément qui ne semble pas toujours être rempli (...) Il y a des silences. » La discussion s'arrête nette et le conférencier se range à la suggestion de J.-L. Ferrary. On a ici l'impression d'avoir assisté à une *disputatio* médiévale où les élèves se sont affrontés *pro* et *contra* sur une proposition et à la fin le maître, dans la personne de J.-L. Ferrary, a proposé la *solutio* qui mettait fin aux doutes suscités par la controverse.

Les discussions suivant les conférences apparaissent aussi souvent comme un prolongement des *disputationes* animées et parfois acérées qui devaient avoir lieu au séminaire de Nicolet à la IVe section[6]. J'en fournirai deux illustrations.

---

5. On retrouve son propos dans la première partie consacrée à la liberté dans les rapports entre Rome et le monde hellénistique de la version publiée de sa thèse d'État (Ferrary 1988).

6. Je renvoie à l'ambiance du séminaire de Nicolet à la IVe Section telle que relatée magnifiquement par Ségolène Demougin (Demougin 2011, p. 105-109).

En 1979, Mireille Corbier donna une conférence intitulée « Fisc et patrimoine : l'inscription de Saepinum et la transhumance dans les Abruzzes». Le directeur de l'Institut (J.-Ph. Lévy), J.-P. Callu, puis A. Chastagnol saluèrent le caractère novateur de l'interprétation de l'inscription proposée par Mireille Corbier. Puis deux de ses collègues du séminaire de Nicolet prirent la parole. Ségolène Demougin manifesta son souhait de revenir « sur un point de ton brillant exposé » et lui exposa qu'en fait la révolte servile de 24, sous Tibère, mentionnée par l'oratrice ne pouvait pas être qualifiée de révolte servile car le meneur était en fait un soldat, donc un homme libre. J.-L. Ferrary, quant à lui, exprima ensuite ses doutes sérieux sur la traduction de *res dominica* par « biens du prince », ce qui n'était pas cohérent avec l'inscription qui mentionnait deux lignes plus haut les *oues dominicae.*

Ce goût de la controverse scientifique des habitués du séminaire de Nicolet dans le dessein d'explorer toutes pistes envisageables pour comprendre le sens des sources romaines se retrouve encore par exemple à l'occasion de la deuxième conférence de J.-L. Ferrary qui inaugure le cycle de l'année 1996-1997.

L'intervention porte sur « Patrons et accusateurs dans la procédure *de repetundis* ». Il proposait de rediscuter les conclusions du romaniste italien Serrao sur les évolutions du procès *de repetundis*. M. Humbert prit la parole et déclara : « J'ai été absolument ébloui et je ne suis pas le seul par le caractère extrêmement net, la cohérence, la rigueur et je dois dire, encore quelques années de travail et tu seras du niveau de Mommsen. Réellement c'est mommsénien. » Jean-Michel David, ami et collègue de longue date, intervint pour dire qu'il partageait la conviction de M. Humbert. La discussion s'engagea ensuite sur la valeur à accorder à un texte de Valère Maxime à propos de l'accusation populaire, texte que J.-L. Ferrary rejetait totalement. J.-M. David répliqua : « Le vrai désaccord entre nous n'est pas là, le désaccord repose sur le vocabulaire. Nous en avons déjà parlé. » Réponse de Ferrary : « Entre nous, c'est une histoire qui remonte aux années 1970. » Le désaccord concernait l'emploi du terme *patronus* par Cicéron dans les *Verrines.* J.-M. David soutenait qu'il y avait une stricte incompatibilité de langage entre la définition de l'accusateur et le patronat. On assista ensuite à un débat comprenant pas moins de vingt répliques et contre répliques entre les deux. Nicolet tenta une médiation sur un ton humoristique : « Il y a des moments comme cela où les problèmes de la justice, de l'accusation vous assiègent de toute part, et je dois dire que je me sens de plus en coupable car je n'y comprends rien. » Y. Thomas et M. Humbert tentèrent d'apporter un éclairage juridique sur les termes *patronus, cognitor, procurator.* Mais J.-L. Ferrary et J.-M. David poursuivirent leur discussion passionnée initiée dans les années 1970 probablement dans le cadre du séminaire de Nicolet.

Ces quelques moments évoqués pourraient être perçus comme de simples anecdotes, mais c'est bien plus que cela. Ils révèlent surtout la hauteur incomparable des échanges scientifiques accompagnant ces conférences, un véritable creuset où se mêlaient les idées des plus grands savants ; ce qui a été d'ailleurs un atout majeur dans la renommée nationale et internationale de l'Institut de Droit romain. Jean-Louis Ferrary en a été l'un des principaux maîtres d'œuvre. Il a su faire tomber les barrières disciplinaires, souvent artificielles, entre le droit et l'histoire.

Comme je l'ai rappelé précédemment, M. Humbert comparait J.-L. Ferrary à Th. Mommsen. J'ajouterai que J.-L. Ferrary s'inscrit aussi dans la grande lignée des juristes humanistes de l'époque moderne. Il s'apparente à Jacques Cujas en raison de l'attention qu'il portait aux manuscrits et textes antiques, tout en empruntant à Hugo Donellus sa vivacité intellectuelle.

Il appartient à cette catégorie de juristes historiens que les Italiens nomment élégamment *i giuristi colti*.

Emmanuelle CHEVREAU
Directrice de l'Institut de droit romain

Liste des conférences contenant les interventions orales de Jean-Louis Ferrary à l'Institut de Droit romain entre 1979 et 1999

A.N. Sherwin-White, « La pensée de Caius Gracchus : les problèmes de la *lex repetundarum* et les intentions du législateur », 20 mars 1979.

M. Corbier, « Fisc et patrimoine : l'inscription de *Saepinum* et la transhumance dans les Abruzzes », 7 décembre 1979.

J.-L. Ferrary, « Le statut des cités de Sicile et d'Illyrie au IIIe siècle av. J.-C : à propos des origines de la *ciuitas libera* », 3 décembre 1982.

M. Sordi, « Alexandre et l'Occident », 10 décembre 1982.

E. Rawson, « Quand les Romains cessèrent-ils de réduire les Italiens en esclavage ? », 19 janvier 1983.

Ph. Gauthier, « Droits de cité multiples et citoyenneté dans le monde grec », 3 février 1984.

A. Lintott, « Les procès devant *recuperatores* et les données épigraphiques », 22 mars 1985.

M. Crawford, « L'élaboration de la loi au dernier siècle de la République », 13 décembre 1985.

J.-M. David, « Les tribunaux à Rome à la fin de la République », 24 janvier 1986.

H. Galsterer, « La loi municipale des Romains : chimère ou réalité ? », 25 avril 1986.

C. Mossé, « De Lycurgue à Demetrios de Phalère : l'évolution des institutions athéniennes à la fin du IVe siècle », 26 février 1987.

J.S. Richardson, « Le pérégrin et l'idée d'empire sous la République », 10 février 1988.

W. Simshauser, « La juridiction municipale à la lumière de la *lex Irnitana* », 17 mars 1989.

N. Loraux, « Les frères de Nakonè : à propos d'une procédure de réconciliation civique », 24 mars 1989.

T.J. Cornell, « La fin de la monarchie à Rome : aspects idéologiques », 8 décembre 1989.

L. Labruna, « La violence, instrument de lutte politique à la fin de la République », 14 décembre 1990.

F. Hinard, « *Sacramentum* : autour du serment militaire », 27 mars 1992.

C. Venturini, « La *questio perpetua* dans le cadre de l'organisation judiciaire à Rome : quelques problèmes », 5 février 1993.

M. Cébeillac-Gervasoni, « Les magistrats de la colonie romaine d'Ostie avant la Guerre sociale », 12 février 1993.

W. Nippel, « Les liens de clientèle à Rome selon la recherche moderne », 12 mars 1993.

L. Capogrossi-Colognesi, « Ancora sulla *lex Scribonia* », 19 mars 1993.

A. Bürge, « La conception de la guerre juste à Rome : équité ou pure formalité ? », 18 février 1994.

A. Giovannini, « Le droit augural et le fonctionnement des institutions », 4 mars 1994.

M.H. Hansen, « Deux conceptions complémentaires de la cité grecque chez Aristote », 11 mars 1994.

A. Lintott, « Les fragments d'Urbino (*Tabula Bembina*). L'apport d'une nouvelle étude », 16 décembre 1994.

Y. Thomas, « *Fictio legis* », 27 janvier 1995.

Ph. Cocatre-Zilgien, « La question des biens des temples dans la partie occidentale de l'Empire romain », 17 mars 1995.

J.-L. Ferrary, « Patrons et accusateurs dans la procédure *de repetundis* », 13 décembre 1996.

F. Costabile, « La constitution de *Locri Epizephirii* à travers les sources et les documents épigraphiques », 28 mars 1997.

P. Leroux, « Rome et le droit latin, réflexions pour un bilan », 6 février 1998.

M. Rainer, « La législation sur les bâtiments », 27 mars 1998.

L. Migeotte, « À propos de l'affermage des taxes en Grèce ancienne », 4 décembre 1998.

A. Schiavone, « Philosophie et politique dans les *Institutiones* d'Ulpien », 14 mars 1999.

Bibliographie

Demougin 2011 : S. Demougin, « À la quatrième section », dans *Hommage à Claude Nicolet, historien et citoyen*, *CGG* 22, 2011, p. 105-109.

Ferrary 1988 : J.-L. Ferrary, *Philhellénisme et impérialisme. Aspects idéologiques de la conquête romaine du monde hellénistique*, Rome, 1988 (BEFAR 271).

Ferrary, Schiavone, Stolfi 2018 : J.-L. Ferrary, A. Schiavone, E. Stolfi, *Quintus Mucius Scaevola*, Roma, 2018 (*Opera*, *Scriptores Iuris Romani* 1).

Lévy-Bruhl 1947 : H. Lévy-Bruhl, « Discours de M. H. Lévy-Bruhl », dans *Inauguration de l'Institut de Droit romain de l'Université de Paris, 20 décembre 1946*, Paris, 1947, p. 15-25 (Publication de l'Institut de Droit romain de l'Université de Paris).

Michel Humbert

JEAN-LOUIS FERRARY À PAVIE : LES SÉMINAIRES DU CEDANT À L'ÉCOLE D'UN MAÎTRE

On ne peut, on ne pourra plus désormais, distinguer du Cedant deux figures à tous familières : celle de Jean-Louis Ferrary et celle de Dario Mantovani. Je ne dirai presque rien de Dario, laissant à ceux peu nombreux qui n'auraient pas encore eu la joie de découvrir sa personnalité et ses multiples talents le temps de le faire, pour n'évoquer, hélas en souvenir seulement, que les liens indissociables que les vingt dernières années ont tissés entre les séminaires de Pavie et l'œuvre scientifique de notre ami disparu.

Jean-Louis Ferrary, depuis le premier séminaire (c'était en 2003, il s'agissait des XII Tables), jusqu'à l'une des toutes dernières rencontres (en 2016) n'a quasiment jamais fait défaut. Certes, il laissa en 2006 les spécialistes des cunéiformes discuter entre eux du déchiffrement de leurs tablettes et il ne vint pas, en 2009, se joindre aux byzantinistes et à leurs querelles iconoclastes ou iconodoules : mais ce fut certainement par modestie. Car il aurait, à coup sûr, tant sa culture semblait ne connaître aucune frontière, su apporter à ces spécialistes du Proche-Orient et de Byzance la perspicacité de son regard. Mais je ne parlerai pas de ce qu'il aurait alors pu leur apporter, tant il y a à dire sur le rôle qu'il a tenu, non seulement en partageant l'organisation scientifique de dix séminaires, mais surtout dans leur développement. Avec une générosité sans pareille, il accompagnait jour après jour et quasiment pendant un mois les jeunes chercheurs qui eurent le bonheur de suivre ses leçons. Il y trouvait une famille, plus attentive à ses leçons que ne le sont d'ordinaire les familles naturelles. Et chacun de ces séminaires donna naissance à une contribution dont il enrichit chacun des volumes publiés chaque année et que je vous invite à relire en partageant la même émotion pleine d'admiration.

En regroupant ses contributions, je distinguerai trois thèmes que la science de Jean-Louis a enrichis et dont il a laissé des témoignages exemplaires :

- l'apport des humanistes dans la naissance d'une science historique du droit romain ;
- la fabrication de la loi sous la République et sa portée politique ;
- le concept d'ordre (d'*ordo*) et du droit naturel dans les traités de rhétorique.

L'historien, le juriste, le philologue : ce sont les trois visages du grand savant que je voudrais évoquer à partir, à partir seulement, de son activité au sein du Cedant de Pavie.

I – En 2003, 2004, 2011, 2012, 2016, à cinq reprises, lors de séminaires portant sur des thèmes aussi variés que la loi des XII Tables, les statuts municipaux, le *Digeste*, la nature du Principat, et les *Institutes* de Gaius, Ferrary a démontré qu'une approche historiographique pouvait renouveler un thème du droit public romain, une source du droit, un problème d'ordre constitutionnel. Je pense même que l'un des aspects les plus neufs des travaux publiés chaque année par le Cedant tient à la place que, chaque fois que l'opportunité s'en présentait, l'histoire de l'institution mise en débat a tenue : ceci grâce à Jean-Louis Ferrary. La rareté de cet effort pour reconstituer et comprendre comment et pourquoi des problématiques successives sont nées, se sont opposées d'une nation à l'autre, ont vu s'affronter diverses écoles depuis l'Humanisme savant, cette rareté s'explique aisément : par l'extrême difficulté de l'entreprise. Car le risque est réel : celui de ne livrer qu'une morne nomenclature des études passées, d'entasser des fiches rangées par ordre chronologique en une « méthode » aussi éloignée de la science qu'un monceau de briques peut l'être d'une œuvre d'architecture.

Or, avec l'approche de Jean-Louis Ferrary, il s'est agi de tout autre chose. Servi par une érudition époustouflante, passant sans effort d'une langue à l'autre (du latin médiéval au latin académique des savants allemands du XIXe siècle), déchiffrant les multiples éditions d'un même ouvrage – j'en donnerai un exemple dans un instant – pour mieux cerner la maturation d'une pensée, Ferrary, qui dominait parfaitement les problèmes juridiques les plus discutés, sut, sur chacun de ces thèmes, donner une splendide, et rare, histoire de la science juridique européenne.

L'historien peut sourire, dans un premier temps, des naïvetés passées. Mais il risque, soudain, d'être la proie d'un recul douloureux : et si ces mêmes erreurs de perspective ne m'épargnaient pas à mon tour ? C'est en filigrane la leçon que l'on retiendra du séminaire modestement intitulé (et par lequel je commencerai) « *Le Digeste à l'envers*[1] ». Il porte sur les efforts déployés depuis Cujas pour retrouver en une méthode rigoureuse (la *methodus Cujaciana*) à travers le *Digeste* les *Redigesta*, c'est-à-dire pour reconstituer les œuvres des juristes romains prises en elles-mêmes et pour elles-mêmes. Est-il sûr qu'une tendance très actuelle à ne plus étudier le droit romain que pour ce qu'il serait censé apporter aux problèmes de notre temps résisterait aux combats de l'École humaniste ? Les pages de Jean-Louis Ferrary garderont, j'en suis convaincu, et pour longtemps, leur actualité lucide. Elles mettent en garde contre toute tendance utilitariste.

Avec *Gaius avant la découverte du* Codex Veronensis[2], J.-L. Ferrary nous invite à partager une autre expérience passionnante. On connaît les termes en discussion. Depuis les premiers humanistes du début du XVIe siècle, les romanistes ont tenté de dissiper les mystères qui entouraient les *Institutes* de Gaius, leur plan, leur auteur, leur date, leur contenu. Efforts dont l'histoire, pourrait-on croire, serait inutile puisqu'en 1816 le palimpseste de Vérone a révélé le texte quasi intégral

1. Ferrary 2014, p. 535-555.
2. Ferrary 2020, p. 717-741.

que l'on cherchait désespérément. Mais nullement ! Guidé par Jean-Louis Ferrary, on prend un plaisir non dissimulé à suivre (sans risque puisque chacun connaît la vérité depuis 1816) les infinies discussions sur le plan (un livre ? deux livres ? trois livres ? Hypothèses erronées, car en réalité quatre livres), ou sur la date, qui oscille entre le IIIe siècle av. J.-C. et Caracalla, voire est repoussée jusqu'à Justinien par une curieuse interprétation de *Gaius noster,* par lequel l'empereur aurait manifesté sa proximité avec un Gaius contemporain et chrétien.

Ce jeu des erreurs est des plus instructifs et l'on en retire une grande leçon à la fois de modestie, à la fois de méthode. Car, parmi tant de tâtonnements, la rigueur d'un Cujas reste un modèle : la palingénésie des *Institutes* de Gaius, selon la leçon du grand humaniste, devrait s'inspirer de trois sources différentes : des *Institutes* de Justinien (car rédigées sur le modèle des *Institutes* de Gaius), de l'*Epitome Gai* (car résumé tardif, wisigothique, de l'ouvrage de Gaius), et enfin des fragments des *Institutes* conservés dans le *Digeste*. L'art de Jean-Louis Ferrary a donné à l'énigme de Gaius le suspense d'une enquête actuelle.

L'essai historiographique consacré aux *Lois municipales*[3] démarre à une époque plus récente, au XVIIIe siècle, lors de la découverte des premiers statuts municipaux épigraphiques (lois d'Héraclée, de Velleia, de Bantia, de Malaca...). Sur ce thème, Ferrary présente un très riche mémoire, marqué de péripéties où vanité trop humaine, préoccupations politico-nationalistes et objectivité scientifique se croisent et s'entrecroisent en un jeu continuel. Le champ des divergences se situe avant tout en Allemagne, même si la science française manifeste à l'occasion, souvent de façon déconcertante, une individualité calculée. L'apport de ce séminaire éblouissant, nourri d'une si vaste enquête – J-L. Ferrary remet en lumière des travaux complètement oubliés, bien que fondamentaux, en Allemagne, en Italie, et ses notices biographiques aident à préciser avec clarté l'enjeu des divergences – éclaire les arrière-plans de positions affrontées. Si Mommsen se trompe (et de manière persistante) sur la loi osque de Bantia (qu'il croit être la traduction osque de la loi romaine opistographe), il ne parvint pas à convaincre de ses erreurs Zumpt, obstiné à soutenir que les chartes espagnoles de Malaca et Salpensa concerneraient des municipes de citoyens romains, pas plus que Laboulaye, pour qui ces chartes seraient des faux. Ce dernier persista, en dépit de toute vraisemblance (la tension franco-allemande n'était pas étrangère à cette étrange obstination), pendant plus de dix ans, n'acceptant de se corriger qu'en affirmant que les bronzes espagnols seraient de « vieux faux » (du XVIe siècle) ! Alors que V. Duruy, pour ne pas apparaître coupable d'indulgence envers l'Empire qu'il désavouait, retarda la publication de ses travaux sur les libertés municipales - modèle de libertés développées au sein d'un empire autoritaire.

Histoire des hommes, histoire des idées, histoire des nations : c'est dans cette perspective élargie que les séminaires de Jean-Louis Ferrary peuvent être suivis. On retrouve de fait la même orientation dans son approche du *Principat, sa nature, des juristes humanistes à Mommsen*[4]. Depuis les juristes humanistes, la perception du Principat, dans un balancement perpétuel, oscille entre deux pôles : une

3. Ferrary 2006, p. 57-109.
4. Ferrary 2015, p. 3-34.

monarchie déguisée ou une dyarchie appuyée sur le pouvoir nouveau du Prince et sur le maintien de prérogatives sénatoriales et populaires. Là encore, ou plus encore, l'enquête de J.-L. Ferrary montre combien l'argumentation scientifique est biaisée par des préoccupations politiques contingentes. Ainsi, par exemple, le principe *princeps legibus solutus est* finit par être lu à la lumière de la politique autoritaire d'un Jules II.

J'ai gardé comme dernier modèle des séminaires de nature historiographique celui, à mon sens, le plus emblématique, et dont la résonance devrait être la plus forte : le séminaire modestement intitulé *Saggio di storia della Palingenesi delle Dodici Tavole,* première contribution de Ferrary à Pavie en 2003[5].

Avec les tout débuts de l'humanisme juridique (Alciat en Italie, Budé en France, Zasius en Allemagne), c'est une très nouvelle histoire de l'histoire de la science juridique que Jean-Louis Ferrary offrit à un public resté ignorant de cet aspect du droit romain, qu'il fût, par formation, philologue, juriste, historien ou archéologue. Formé aux quatre coins de l'Europe, son auditoire découvrait, en même temps, une communauté rigoureusement internationale, marquée par les grands noms d'Agùstin, Budé, Godefroy, Hotman, Zasius, Orsini, Oldendorp, Alessandro, Gravina, Van der Heim ...

L'information de Ferrary est stupéfiante : les grandes bibliothèques Paris, Londres, Rome (sans oublier sa propre bibliothèque) sont mises à contribution. Certes, Ferrary n'était pas le premier à avoir eu conscience qu'un monument de l'importance des XII Tables méritait sa propre histoire. Déjà, au début du XIXe siècle, un jeune savant allemand, Dirksen, avait rassemblé un énorme matériau en parcourant sur les quatre siècles passés les témoignages essentiels de cette histoire de l'histoire des XII Tables ? Mais il s'agissait plus d'un musée, où étaient confinés les témoignages passés. Il manquait une histoire raisonnée de ces efforts séculaires : c'est précisément celle qu'offrit à Pavie l'étude de Jean-Louis Ferrary.

Raisonnée en quel sens ? Sans refaire le labeur titanesque de Dirksen, Ferrary invite à une vue d'ensemble. Siècle par siècle, œuvre par œuvre, édition par édition (car chaque œuvre connut de fréquentes rééditions), il met en évidence la spécificité de chaque apport. Et sur des siècles, des courants se dessinent.

Ainsi, sans entrer dans trop de détails, on commence par se fier exagérément à la légende de l'ambassade venue de Rome copier à Athènes les lois de Solon et qui conduisit à mélanger la législation solonienne et les fragments authentiques des XII Tables. De même, peina-t-on au XVIe siècle à distinguer les lois que Cicéron fabriqua pour nourrir son *De legibus* et les dispositions du code lui-même. Marqué par la théorie du droit naturel de Mélanchton, un autre courant plaçait les XII Tables après le Décalogue : et par l'intermédiaire du droit grec, la loi mosaïque devenait une source directe de la législation décemvirale. La conviction que les XII Tables s'inscrivent dans un ordre naturel (conçu comme l'ordre naturel chrétien) entraîna ce courant à placer, contre toute vraisemblance, en tête du code les lois *de religione.*

C'est sur le plan (c'est-à-dire sur l'ordre des fragments) que l'histoire de la Palingénésie des XII Tables est la plus instructive.

5. Ferrary 2005, p. 503-558.

– Si les uns restent partisans d'un ordre naturel immanent (avec un plan en trois parties : *religio, ius publicum, ius privatum*), d'autres, comme Bauduin en 1550 optent pour (je cite) « le plan le plus rationnel à défaut duquel le droit romain ne pourrait être correctement traité », sans se rendre compte que cette *ratio* est celle d'un juriste du milieu du XVIe siècle et qui a peu de chances de retracer la mentalité des décemvirs du Ve siècle avant J.-C. !

L'enquête de Jean-Louis Ferrary met ainsi en pleine lumière une préoccupation de plus en plus sensible, à mesure que se systématise et s'organise rationnellement la science du droit (à partir du XVIIIe siècle), à savoir la tendance à enfermer (de fait à défigurer) la législation décemvirale dans un corset anachronique. Or cette tendance, en dépit des critiques virulentes de Puchta et de Gustav Hugo (dont Ferrary prit soin de collationner à Göttingen les huit éditions successives pour retranscrire la maturation d'une critique décisive) n'a pas disparu aujourd'hui. C'est dire combien, plus que jamais, la magnifique leçon que représente ce séminaire fondateur mérite d'être écoutée, entendue, suivie.

II – Après les leçons de l'historien, la lecture du juriste. Dès ses premières recherches farnésiennes, Ferrary s'affirma comme l'un des meilleurs spécialistes du nerf de la *Res Publica*, de la *lex populi*, dont la technique, l'existence et l'idée même disparaîtront avec l'affirmation du principat. Nul mieux que Jean-Louis ne pouvait conduire et animer la rencontre de 2010, consacrée précisément aux *leges publicae*[6]. Et nul ne sut, il faut le reconnaître, donner comme il le fit, tant de soi, de savoir généreux et de dévouement pour la réussite d'un des plus riches séminaires de l'histoire du Cedant, qu'il dirigea seul et où il ne présenta pas moins de cinq exposés. Et ces séminaires successifs témoignent, chez ce philologue de formation, une affinité pour le droit public romain et un art de rendre clairs, donc convaincants, des concepts parmi les plus enchevêtrés et, par-là, discutés.

Avec l'*iter legis*[7], Jean-Louis Ferrary a épanoui une véritable fascination (curieuse chez ce littéraire qui, certes n'avait rien d'un esprit rebelle au sens civique du terme) pour l'essence d'un État de droit, pour la loi. J'y verrais volontiers le goût de Ferrary pour les situations particulièrement complexes ; car l'élaboration de la loi, à Rome, est le champ même des rencontres multiples, le lieu où des forces rivales, des ambitions contraires (le Sénat, les magistrats, les *suasores*, le *populus*) et les compromis nécessaires s'épanouissent comme à plaisir. Or il fallait la familiarité de notre ami avec les sources littéraires pour reconstituer avec toute la finesse de son intelligence les alliances d'un jour, les arrière-pensées, les prête-noms, soulever les masques, déjouer les reniements qui donnent leur sens à ces lois de la République finissante. Apparaît ainsi une pratique essentiellement coutumière, qui ne se laisse pas enfermer dans un schématisme rigide. Et c'est à ce jeu de pouvoirs que l'esprit souple et ouvert de Jean-Louis Ferrary, c'est à ces jeux envoûtants qu'il associa son jeune public pour leur offrir un chapitre qui, par sa clarté, sa puissance et son originalité est digne du *Staatsrecht* de Mommsen. Il pourrait s'intituler « L'élaboration de la loi sous la République : principes et réalités ».

6. Ferrary 2012a.
7. Ferrary 2012b, p. 3-37 ; Ferrary 2012c, p. 463-474.

Cet enchevêtrement de compétences caractérise *Les dernières lois comitiales*[8] (Cedant de 2010), dont J.-L. Ferrary rétablit nombre de manifestations qui avaient échappé à la critique. Que l'on adopte le point de vue grec ou celui des Romains, ces partages de pouvoir entre Sénat, Prince, consuls et *populus* ne permettent pas, certes, de qualifier de démocratie la constitution romaine, mais justifient que l'on parle de souveraineté populaire. Auguste ne rompit pas avec cette légalité républicaine. Les lois, nombreuses, auxquelles il laissa son nom confirment le message diffusé par l'*aureus* de 28, selon la lecture, définitive, de Dario Mantovani : *Leges et iura P. R. restituit*, « il rétablit la légalité et l'État de droit du peuple romain ».

Dans un souci de brièveté, je ne dirai qu'un mot du séminaire de 2007 sur *Les lois et procès de majesté sous la République*[9]. L'ambiguïté du concept de *maiestas* (l'atteinte à la grandeur de l'État) en fait l'outil préféré de la rhétorique, habile à renverser l'accusation et, dans une stratégie de boomerang, à accuser l'accusateur de porter lui-même par son accusation atteinte aux intérêts de l'État. Ces mises en abyme et jeux de miroir offraient à la curiosité de Ferrary un terrain inépuisable de découvertes.

III – La science du philologue. Pour un juriste, il ne fait guère de doute que la coutume est une catégorie résiduelle. Elle accueille tout ce qui n'entre pas dans la loi et se réduit à l'usage confirmé par le temps. Mais c'est mal lire ou mal comprendre les plus anciens traités de rhétorique (*A Herennius* ou le *De inventione*). Et dans un séminaire lumineux sur le droit naturel (2006)[10], Jean-Louis Ferrary démontre que, en réalité, la *consuetudo* est une partie vivante, évolutive, riche d'avenir et englobant les initiatives prétoriennes. Cette *pars iuris,* véritable pendant de la *lex*, équivaut au droit naturel qui, pour la première fois à Rome, se définit comme une partie du droit. Grâce à cette analyse, Ferrary dissipe l'obscurité dont est encore encombré le droit naturel. Il lui attribue, et l'acquis est définitif, une date et une naissance précises (les années 80, celles du *De Inventione*) et un contenu rigoureusement circonscrit.

Par nécessité d'économie, je qualifierai comme d'orientation plus philologique la recherche conduite en 2006 sur les *ordines*[11]. Là encore, les talents de pédagogue de Jean-Louis font merveille. Car, quoi de plus insaisissable que la notion d'*ordo* ? Parti, groupe, classe, ordre, dignité, bref tout ce que l'on voudra, à condition de garder à l'esprit les contours extrêmement précis et contraignants de ces ordres structurants.

Il fallait, là encore, la sensibilité d'un esprit comme celui de Jean-Louis Ferrary pour présenter une synthèse étincelante de ces éléments constitutifs de la société de Rome, faits de privilèges, d'interdictions, de contraintes d'ordre économique et d'exigences censitaires.

Avec un sens esthétique nourri d'une immense culture artistique puisée sans relâche dans cette Italie qui lui était si chère, Jean-Louis parvenait à rendre belles, simples et durables les découvertes dont ses séminaires, an après an, gardent le souvenir. Un trésor pour toujours.

8. Ferrary 2012d, p. 569-592.
9. Ferrary 2009, p. 223-249.
10. Ferrary 2007, p. 75-94.
11. Ferrary 2010, p. 315-345.

Merci à Jean-Louis d'avoir transmis, plus encore que quelques parcelles de son savoir, une méthode et un exemple. Ceux d'un très grand savant et d'un Maître accompli.

Mon dernier mot, je l'emprunterai au poète, à ses *Compagnons dans le Jardin,* avec ces quelques vers libres :

« Le merveilleux chez cet être : toute source en lui
Donne le jour à un ruisseau. Avec le moindre de ses dons,
Descend une averse de colombes »

Michel Humbert
Professeur Emérite de l'Université Paris II
Panthéon-Assas

Bibliographie

Ferrary 2005 : J.-L. Ferrary, « *Saggio di storia della palingenesi delle Dodici Tavole* », dans M. Humbert (dir.), *Le Dodici Tavole*, Pavia, 2005, p. 503-558.

Ferrary 2006 : J.-L. Ferrary, « La découverte des lois municipales (1755-1903). Une enquête historiographique », dans L. Capogrossi Colognesi et E. Gabba (dir.), *Gli statuti municipali*, Pavia, 2006, p. 57-109.

Ferrary 2007 : J.-L. Ferrary, « Le droit naturel dans les exposés sur les parties du droit des traités de rhétorique », dans D. Mantovani et A. Schiavone (dir.), *Testi e problemi del giusnaturalismo romano*, Pavia, 2007, p. 75-94.

Ferrary 2009 : J.-L. Ferrary, « Les lois et procès de majesté sous la République », dans B. Santalucia (dir.), *La repressione criminale nella Roma repubblicana fra norma e persuasione*, Pavia, 2009, p. 223-249.

Ferrary 2010 : J.-L. Ferrary, « Les *ordines* et le droit (privé et pénal) », dans A. Corbino, M. Humbert, G. Negri dir., *Homo, caput, persona. La costruzione giuridica dell'identità nell'esperienza romana*, Pavia, 2010, p. 315-345.

Ferrary 2012a : J.-L. Ferrary (dir.), *Leges publicae. La legge nell'esperienza giuridica romana*, Pavia, 2012.

Ferrary 2012b : J.-L. Ferrary, « L'*iter legis*, de la rédaction de la *rogatio* à la publication de la *lex rogata* et la signification de la législation comitiale dans le système politique de la Rome républicaine », dans J.-L. Ferrary (dir.), *Leges publicae. La legge nell'esperienza giuridica romana*, Pavia, 2012, p. 3-37.

Ferrary 2012c : J.-L. Ferrary, « La législation comitiale en matière de création, d'assignation et de gouvernement des provinces », dans J.-L. Ferrary (dir.), *Leges publicae. La legge nell'esperienza giuridica romana*, Pavia, 2012, p. 463-474.

Ferrary 2012d : J.-L. Ferrary, « La législation augustéenne et les dernières lois comitiales », dans J.-L. Ferrary (dir.), *Leges publicae. La legge nell'esperienza giuridica romana*, Pavia, 2012, p. 569-592.

Ferrary 2014 : J.-L. Ferrary, « Le Digeste à l'envers. La palingénésie dans les travaux des juristes jusqu'à Lenel », dans D. Mantovani et A. Padoa Schioppa (dir.), *Interpretare il Digesto. Studi e metodi*, Pavia, 2014, p. 535-555.

Ferrary 2015 : J.-L. Ferrary, « Nature et périodisation du Principat, des juristes humanistes à Mommsen », dans J.-L. Ferrary et J. Scheid (dir.), *Il princeps romano. Autocrate o magistrato ? Fattori giuridici e fattori sociali del potere imperiale da Augusto a Commodo*, Pavia, 2015, p. 3-34.

Ferrary 2020 : J.-L. Ferrary, « Gaius avant la découverte du *Codex* Veronensis », dans U. Babusiaux et D. Mantovani (dir.), *Le Istituzioni di Gaio : avventure di un best-seller. Trasmissione, uso e trasformazione del testo*, Pavia, 2020, p. 717-741.

Glen W. Bowersock

REMARKS FOR 16 SEPTEMBER 2021

Jean-Louis Ferrary was one of my closest friends as well as a scholar of international reputation. Over many decades our paths crossed repeatedly, ever since we first met at an international colloquium in Athens in 1976. The theme of that meeting was "Hellenism and Rome," and this prophetically defined Jean-Louis's wide-ranging interests from that time onward. His scholarship nourished my own, and his advice and collaboration facilitated my work on projects both in France and in Europe generally. We shared many tastes in common, both scholarly and aesthetic. I came to realize this more and more during the months he spent at the Institute for Advanced Study in Princeton at the same time as our mutual friend John Scheid.

I learned constantly from Jean-Louis about new work, his own and that of others, in the discipline we shared - the ancient history of both Greece and Rome and the modern historiography about it. In remembering him I scarcely know where to start. But Louis Robert, a formidably influential figure in the scholarship of antiquity, can properly stand at the head of these reminiscences. I knew personally and greatly admired this scholar and his wife, with whom he regularly collaborated, and I felt an abiding affection for them both. So did Jean-Louis, whose immense learning, together with a personal modesty that was as winning as it was rare, earned him the support and gratitude of both Roberts.

This was memorably apparent in the arrangements that Mme Robert prescribed in the extraordinary donation of her late husband's squeezes, notebooks, correspondence, coins, and offprints to the Académie des Inscriptions et Belles-Lettres. Although she named me to be the sole person in charge of this rich archive, she also specified that if I should need any assistance I should turn either to François Chamoux or to Jean-Louis Ferrary. She proposed those two colleagues not only because she esteemed them both but also because they too had known M. Robert personally. He had greatly appreciated them.

These personal links to her husband were very important for Mme Robert. Sadly M. Chamoux left us much too soon, but he gave me valuable counsel in the brief time before his death. Jean-Louis was equally supportive in helping me to establish the Fonds Louis Robert. I shall never forget his unselfish contributions to the difficult and time-consuming removal of M. Robert's possessions from the Avenue René Coty.

Cahiers Glotz, XXXII, 2021, p. 67-69.

As time passed, Jean-Louis and I saw each other more frequently, not only in Paris but often in Italy. We met at meetings of the *consiglio* of the Istituto di Studi Umanistici in Florence, where he communicated eloquently in his flawless Italian, which he spoke as fluently as English. His formidable mastery of foreign languages was never showy or flamboyant, but it always enhanced his contributions at meetings of the international scholarly community. As our friendship ripened over the years, we tended to converse between ourselves in French but that was chiefly because most of our personal encounters were in Paris. Whenever we had occasion to use English, I always marveled that Jean-Louis spoke my mother tongue perfectly.

After M. Chamoux's death I tried to follow Mme Robert's wishes in administering the Fonds Louis Robert alone. But I gradually realized that managing the Fonds Robert in Paris while living on the other side of the Atlantic made little sense. I was fortunate in having the extraordinary services of two young epigraphists in compiling the inventory of the squeezes. One of these, Denis Rousset, was and remained a steadfast friend of Jean-Louis, and the other was the gifted francophone Canadian, Jan Mathieu Carbon. Ultimately, mindful of Mme Robert's words at the time of her donation, I decided to invite Jean-Louis to join me as *co-responsable*. To my immense joy he willingly agreed to do this. From that moment until his death he guided and supported me in every scholarly decision about access to the Fonds Robert and the publication of its treasures.

When Jean-Louis joined me officially, electronic correspondence had already made mutual consultation easy and convenient. His opinions on handling sensitive and confidential inquiries both within France and from abroad were unfailingly prompt and thoughtful. He had an uncanny instinct for treacherous issues that might arise in the future, and he was invariably tactful in considering the impact that our decisions might have upon our colleagues. This became touchingly apparent whenever we had to reckon with the indiscretions that lurked in Louis Robert's correspondence.

What will always remain with me from my meetings and exchanges with Jean-Louis throughout his last years is how magnificently courageous and uncomplaining he was about the ever more complex course of medical treatments that he was undergoing. He became more open and forthcoming about his health as the years passed, not to complain - which he never did - but because he knew how much I cared about him. He endured a seemingly endless series of consultations and procedures with complete equanimity. Yet he discharged efficiently and eloquently his joint presidencies of the Académie des Inscriptions et Belles-Lettres and the Institut de France at the same time. Whenever we met for a quiet dinner together in Paris, usually at the Vagenende, he would always arrive punctually and neatly attired, and he would tactfully have a few sips of wine to keep me company. He was invariably candid about his health but preferred not to dwell on it.

I feel every day the loss of this dear friend and great scholar. For the present occasion it seemed appropriate for me to concentrate upon my personal knowledge of Jean-Louis. His students will attest to his important role as a teacher, and his voluminous publications will be available to educate and to inform future generations of historians and scholars. But we will forever miss the warmth, the dignity, and the loyalty of this remarkable man.

I have chosen to conclude my brief remembrance with two lines of Shakespeare. They come from my heart :

Good night, sweet prince,
And flights of angels sing thee to thy rest.

Glen W. Bowersock
Professor emeritus at the Institute for Advanced Study

Christine Hoët-Van Cauwenberghe

JEAN-LOUIS FERRARY ET LA SOCIÉTÉ FRANÇAISE D'ÉPIGRAPHIE SUR ROME ET LE MONDE ROMAIN

Par son travail et son dévouement à l'histoire, au droit et aux lettres de l'Antiquité romaine, Jean-Louis Ferrary avait acquis un rayonnement incontestable. Admis dans les plus hauts cercles nationaux et internationaux de la culture, membre des académies les plus prestigieuses au monde[1], Jean-Louis Ferrary (5 mai 1948-9 août 2020) fut aussi membre de la Société Française d'Études épigraphiques sur Rome et le monde romain dès ses débuts et en devint l'un de ses éminents présidents. La SFER peut donc s'enorgueillir d'avoir bénéficié de son savoir-faire scientifique et de ses compétences.

Jean-Louis Ferrary, membre actif de la SFER dès la naissance de cette dernière

En effet, il a contribué à animer et à enrichir cette société savante, lui apportant son soutien inconditionnel. Il a disparu l'année où la société fêtait son quart de siècle (1995-2020)[2]. Cela fait donc aussi vingt-cinq années au service de l'épigraphie romaine, d'un engagement profond et sincère pour l'excellence des études épigraphiques qu'il a pu concrétiser entre autres au travers de notre société. L'ensemble de ses membres a donc été ébranlé par la nouvelle de son décès survenu au cœur de l'été 2020, le 9 août. Un élan de sympathie et de reconnaissance est monté des rangs de notre société pour saluer la mémoire de l'un des artisans de la réussite de l'épigraphie romaine nationale associative. En effet, la SFER est l'une des rares sociétés nationales à se consacrer à la recherche en

1. De nombreux signes d'affection lui ont été rendus et sa mémoire se doit d'être saluée. Nous sommes reconnaissante à John Scheid, que nous remercions vivement, de nous donner la possibilité d'intervenir au nom de la SFER. Nous renvoyons pour le fil de la carrière de J.-L. Ferrary à ce qui est présenté par les collègues dans ce volume ou l'a déjà été. Je ne peux les citer tous, je renvoie en particulier aux mots d'amitié de Madame Ségolène Demougin, également membre éminente de la SFER (Demougin 2021).

2. Voir Hoët-van Cauwenberghe 2022.

Cahiers Glotz, XXXII, 2021, p. 71-79.

épigraphie romaine. Il n'existe au monde que deux autres organisations de même type, la British Epigraphy Society[3] au Royaume-Uni d'une part, et l'American Society of Greek and Roman Epigraphy[4] aux États-Unis, qui rassemble aussi des chercheurs canadiens, d'autre part. La SFER est née en 1995 sous les auspices bienveillants d'André Chastagnol, par l'action fédératrice de Michel Christol, Ségolène Demougin, Jean-Pierre Martin, Claude Lepelley et les collègues qui ont rapidement, comme Jean-Louis Ferrary, compris l'intérêt de créer une telle entité destinée à offrir un terrain d'échanges, un laboratoire d'idées et une plate-forme pour promouvoir l'épigraphie auprès de tous et en particulier des jeunes collègues destinés à prendre le relai. La SFER continue à mener à bien toutes ces missions pour le bien des progrès de la recherche épigraphique et sa visibilité au plan national, mais également international. De fait, la SFER est affiliée à l'Association Internationale d'Épigraphie Grecque et Latine (AIEGL)[5], fondée elle-même à Paris et à Munich en 1972 pour promouvoir les études grecques et latines des mondes anciens des origines à la fin de l'époque tardive.

JEAN-LOUIS FERRARY, ADMINISTRATEUR DE LA SFER

Outre son adhésion à la SFER, en 1995, Jean-Louis Ferrary relevait alors un défi important puisqu'il venait d'être élu directeur de l'unité de recherche Centre Gustave-Glotz, URA 1979 (qui devint l'UMR 8585)[6], qu'il a dirigée de 1995 à 2005 et en 2009. Ses fonctions lui ont permis d'être en lien direct avec de nombreux chercheurs et de proposer des collègues susceptibles d'intervenir en séance. Très vite, il a également été sollicité pour faire partie des instances dirigeantes de la société, conseil d'administration et conseil scientifique. Le siège de la SFER fut d'abord situé à la Sorbonne (1995-2004) et le jour de réunion choisi fut fixé le samedi matin, à raison d'une séance trimestrielle, soit quatre par an. Mais, en 2004, un grand changement eut lieu. Jean-Louis Ferrary, en sa qualité de directeur du centre de recherche Gustave-Glotz, avait participé au rapprochement avec le centre Gernet et l'équipe d'accueil Phéacie et à la naissance d'une bibliothèque regroupant les fonds des centres Gernet et Glotz dans les locaux de l'INHA au 2 rue Vivienne dans le 2e arrondissement de Paris. Il avait alors, en séance de la SFER, proposé que l'hébergement administratif et scientifique de la SFER soit également transféré là. Effectivement, en 2004, dans les locaux où des bureaux avaient été aménagés pour accueillir les laboratoires qui deviendront en 2010 l'unité de recherche ANHIMA (Anthropologie et histoire des mondes antique)[7], la SFER

3. Elle fut créée le 16 novembre 1996 à Londres comme une société indépendante de l'AIEGL mais affiliée à elle ; voir leur site : http ://www.britishepigraphysociety.org/

4. Elle fut créée en 1996 et également affiliée à l'AIEGL ; le premier grand rassemblement d'épigraphistes américains se déroula en décembre 1997 à Chicago ; sur leurs activités, voir leur site : https ://www.asgle.org/

5. En 1972 entre Paris et Munich, un groupe de chercheurs permit la création d'une société internationale qui fut véritablement constituée en 1977 à Constantza afin de promouvoir les études épigraphiques dans le monde. Voir le site : https ://www.aiegl.org/history.html.

6. Il succède alors à la tête du Centre Gustave-Glotz à Claude Nicolet alors nommé à la direction de l'École Française de Rome.

7. Sur le Centre Glotz et la naissance du laboratoire ANHIMA, voir l'article de Christol 2011.

put prendre place et se réunir désormais régulièrement en salle Walter Benjamin, y recevoir le courrier propre à son fonctionnement, ayant une boîte de réception dans la bibliothèque. Dans ces nouveaux locaux, Jean-Louis Ferrary travaillait avec assiduité, de son bureau directorial d'abord puis dans celui de la rotonde, où il arrivait les samedis matin de bonne heure avant une séance de la SFER. Chacun profitait alors, collègues ou élèves, de sa présence pour le consulter avant une séance ou au cours de l'après-midi après celle-ci. Sa disponibilité inconditionnelle et son regard indulgent en ont fait un savant attentif et un maître dont on recherchait la compagnie[8].

Jean-Louis Ferrary, président de la SFER

D'abord vice-président, Jean-Louis Ferrary a succédé à Ginette Di Vita-Évrard (2003-2004) à la présidence de la SFER pour les deux années de son mandat (2005-2006), ouvrant ainsi la deuxième décennie d'existence de la Société. J'étais alors trésorière de la société et j'ai pu mesurer l'investissement qu'il mettait à promouvoir l'épigraphie et la société. D'ailleurs, il invitait à encourager l'entrée de nouveaux membres au sein de l'association, ce qu'il notait dans son bilan moral du 13 janvier 2007, se réjouissant « du dynamisme maintenu de notre société, mais insistant sur la nécessité d'accueillir régulièrement de nouveaux membres, doctorants et post-doctorants[9] ». Jean-Louis Ferrary était un savant qui n'avait jamais dédaigné les fonctions administratives et prenait à cœur de dynamiser les institutions et sociétés dans lesquelles il s'engageait. Il a appelé, au cours des années 2005 et 2006, de nombreux chercheurs à intervenir ; en voici la liste :

Année 2005

Raepsaet-Charlier, M.-T., « Une inscription funéraire romaine en Belgique (inscription latine présentée à la vente à Bruxelles en 2004) », 15 janvier 2005.

Van Andringa, W., « Le tombeau des *Vesonii* à Pompéi », 15 janvier 2005.

Scheid, J., « L'inscription d'Amoneus dans la nécropole de Classe », 19 mars 2005.

Cuvigny, H., « Inscriptions du *praesidium* de Didymoi (Égypte) », 19 mars 2005.

Loriot, X., « À propos d'une inscription de Tiddis, Numidie (*ILAlg.*, II, 3596) », 19 mars 2005.

Andreau, J., « Remarques sur les intérêts patrimoniaux de l'élite romaine », 18 juin 2005.

Berrendonner, C., « Les patrimoines fonciers de sénateurs dans l'Italie républicaine : l'apport des sources épigraphiques », 18 juin 2005.

Chioffi, L., « I patrimoni dei senatori nel suburbio di Roma : criteri di ricerca epigrafica, primi risultati e nuove acquisizioni », 18 juin 2005.

---

8. Il avait déjà reçu de son vivant de nombreuses marques de reconnaissance comme les 32 contributions dans Heller *et al.* 2019.

9. Voir le Bulletin de la SFER, année 2007, dans *Cahiers Glotz*, XVIII, 2007, p. 409-421.

Camodeca, G., « Sulle proprietà senatorie in Campania con particolare riguardo al periodo da Augusto al III secolo », 18 juin 2005.

Tassaux, F., « Patrimoines sénatoriaux de la Decima Regio », 18 juin 2005.

Des Boscs, F., « Les patrimoines des sénateurs hispaniques sous le Haut-Empire : l'apport de l'épigraphie des amphores », 18 juin 2005.

Hoët-Van Cauwenberghe, C. et Arce, J., « Borne milliaire de l'empereur Septime Sévère et de ses fils, trouvée à Desvres (Pas-de-Calais) », 15 octobre 2005.

Guzmán Almagro, A., « Sources pour l'épigraphie de la péninsule Ibérique dans les manuscrits de la Bibliothèque Nationale de France», 15 octobre 2005.

Année 2006

Joly, D. et Van Andringa, W., « Une prière de magicien sur deux objets rituels découverts à Chartres », 14 janvier 2006.

Lamoine, L. et Montzamir, P., « Deux inscriptions inédites du musée archéologique Bargoin de Clermont-Ferrand », 14 janvier 2006.

Ben Abed, A. et Hanoune, R., « *Liberalitas* », 14 janvier 2006.

Kirbihler, F., « P. Vedius Pollio à Éphèse : traces directes et indirectes de ses activités », 18 mars 2006.

Di Vita-Évrard, G. et Marmouri, K., « Dans les réserves de Lepcis Magna : un dendrophore cirtéen à Lepcis Magna », 18 mars 2006.

Christol, M., « Inscriptions de Gaule Narbonnaise », 10 juin 2006.

Chausson, F., « De Nicée à Lepcis Magna : la généalogie de Septime Sévère entre deux cités », 10 juin 2006.

Ferrary, J.-L., « Le traité de 46 a.C. entre Rome et la Confédération lycienne », 10 juin 2006.

Christol, M. et Aibeche, Y., « Le municipe de Mopt(h)i, entre Sétif et Cuicul », 14 octobre 2006.

Dondin-Payre, M. et Mathieu, N., « Une stèle funéraire inédite de Méditerranée occidentale », 14 octobre 2006.

Le président de la SFER reste traditionnellement et selon les statuts en fonction deux années et l'année qui suit son mandat, il organise une journée d'études sur un thème qu'il détermine. De ce fait, sous la présidence de son successeur, François Bérard, élu en janvier 2007, J.-L. Ferrary a proposé de développer une réflexion portant sur « L'épigraphie des provinces hellénophones », offrant de contribuer à promouvoir les recherches épigraphiques sur le monde d'expression grecque afin d'en montrer la variété et les apports. En conséquence, le samedi 9 juin 2007, il a réuni plusieurs collègues pour animer cette manifestation :

9 juin 2007

Haensch, R., « Des empereurs et des gouverneurs débordés. À propos des lettres d'Hadrien aux technites dionysiaques récemment publiées ».

Andreau, J., « Remarques sur l'épigraphie de l'*instrumentum domesticum* dans les provinces de langue grecque ».

Belayche, N., « Un dieu romain et ses dévots au sanctuaire d'Antioche en Pisidie ».

Pont, A.-V., « L'inscription en l'honneur de M. Ulpius Carminius Claudianus à Aphrodisias » (*CIG*, 2782).

Ferrary, J.-L., « L'onomastique dans les provinces orientales de l'Empire à la lumière du dossier des mémoriaux de délégations de Claros ».

Ritti, T., « La carriera di un cittadino di Hierapolis di Frigia : G. Memmios Eutychos ».

Il a ensuite rassemblé les articles issus de cette journée et proposé leur publication sous forme de dossier dans les *Cahiers du Centre Gustave Glotz,* XIX, de 2008[10].

Jean-Louis Ferrary, animateur de la SFER

Jean-Louis Ferrary était un membre très assidu de la société et il n'hésitait pas à intervenir en séance pour poser de façon bienveillante des questions ou féliciter tel jeune chercheur d'avoir eu le courage de présenter en assemblée des recherches naissantes. Sa qualité d'écoute et son ouverture d'esprit dans la discussion étaient indéniablement un des secrets de son succès auprès de tous et du consensus autour de sa personne. Cela ne signifiait nullement qu'il ne défendait pas son point de vue, au contraire, ses capacités à croiser le fer et à argumenter étaient grandes, mais il le faisait toujours avec doigté et élégance.

Jean-Louis Ferrary était un représentant très éminent de l'épigraphie et les thèmes sur lesquels il travaillait ont fait l'objet de présentations lors des réunions de la SFER. Son souci de partager ses découvertes et celle des groupes de recherche auxquels il était attaché ou qu'il dirigeait a toujours été présent. Au cours de sa carrière, il s'est exprimé dans quatre champs de recherche : les institutions romaines de la République et du principat d'Auguste, et aussi les idées politiques de la Rome républicaine, ensuite les rapports entre Rome et la partie hellénophone du Bassin méditerranéen, du IIe siècle a.C. au IIe siècle p.C., englobant l'histoire des cités grecques au cours de cette période, avec un intérêt particulier pour le dossier du sanctuaire de Claros, et, enfin, l'histoire de l'historiographie de Rome, y compris dans le domaine épigraphique[11]. Il a mis à profit son excellente connaissance de l'épigraphie latine et grecque pour enrichir la réflexion, préciser les avancées scientifiques et expliquer magistralement nombre de textes épigraphiques. En séances de la SFER, il a su insuffler la passion qui l'animait pour les recherches et les travaux en lien avec l'épigraphie romaine. Le premier dossier qu'il présenta fut en janvier 1996, peu après la naissance de la Société, et le dernier, en 2017 ; ce qui ne l'empêcha pas d'être présent régulièrement jusqu'en 2019 alors même qu'il assumait de nombreuses et prestigieuses responsabilités, en particulier la présidence de l'Académie en 2018 jointe à celle de l'Institut la même année.

Ainsi, pour sa première communication, intitulée « Un fragment de loi romaine d'après une inscription de Cos (13 janvier 1996) », Jean-Louis Ferrary avait soumis un dossier tiré de son travail sur les institutions romaines et sur les

10. Voir Ferrary 2008.
11. Par exemple Ferrary 2009.

idées politiques à la période républicaine[12]. On se souviendra qu'ancien membre de l'École française de Rome, après avoir commencé sa carrière à la Sorbonne, il était devenu directeur d'études à la IVe section de l'EPHE (Sciences historiques et philologiques), où il assura la conférence d'« Histoire des idées politiques du monde romain » entre 1989 et 1998[13]. De ce fait, il saisit alors l'occasion d'exposer un document qu'il avait étudié avec M. H. Crawford, K. Hallof et Ph. Moreau dans le cadre du travail tout juste paru des *Roman Statutes* dirigé par M. Crawford[14].

Quelques années plus tard, il proposa une autre communication présentée sous le titre « Réflexions récentes sur la loi du *portorium* d'Asie (18 janvier 2003) » sous la présidence de Patrick Le Roux. Le document en question, publié en 1989 par Helmut Engelmann et Dieter Knibbe[15], avait été repris et étudié d'abord par Claude Nicolet[16], puis dans le groupe de travail sous la direction de B. Levick par M. Corbier, M. Cottier, M. Crawford, Ch. Crowther, St. Mitchell, O. Salomies, M. Wörrle et lui-même. Il fit donc l'honneur aux sociétaires de présenter la synthèse des progrès de l'analyse de ce cas.

Un an et demi plus tard, sous la présidence de Ginette Di Vita-Évrard, il présenta une « nouvelle inscription concernant la guerre contre Aristonicos » (19 juin 2004). Dans ce texte, il analysait l'expression de la liberté des cités, thème qu'il connaissait bien car dans la droite ligne des recherches déjà présentes dans son œuvre majeure *Philhellénisme et impérialisme* paru en 1988 et réédité en 2014[17].

Dans la suite de ses travaux, J.-L. Ferrary a également mis ses pas dans ceux de Louis Robert et s'est orienté vers l'étude de l'Asie Mineure d'époque romaine. De ce fait, son intervention suivante à la SFER fut consacrée au « traité de 46 av. J.-C. entre Rome et la Confédération lycienne » (10 juin 2006) et lors de sa propre journée d'études en 2007, il présenta « L'onomastique dans les provinces orientales de l'Empire à la lumière du dossier des mémoriaux de délégations de Claros ». On l'aura compris, il s'agissait là de faire partager aux membres de la SFER, le travail considérable, que lui avait confié l'Académie des Inscriptions et Belles Lettres par le truchement de Glen Bowersock[18], de publication des documents inédits hérités de Jeanne et Louis Robert, tout particulièrement les mémoriaux de Claros. Il acheva le travail en 2014 par deux très beaux volumes[19] qui virent le jour en 2015 et rendent hommage à l'infatigable couple de savants qui avait relevé et publié une partie de ces inscriptions[20].

12. Voir sur ces questions Ferrary 1977, 1979, 1983, 1985, 1987-1989 et 1998.

13. Puis celui celle d'« Histoire des institutions et des idées politiques du monde romain » de 1998 à 2009.

14. Crawford éd. 1996. Outre J.-L. Ferrary, ont participé à cette publication : J.D. Cloud, R. G. Coleman, J. A. Crook, S. Demougin, E. Gabba, H. Galsterer, E. C. Green, K. Hallof, L. Horváth, M. Humbert, U. Laffi, A. Lewis, A. Lintott, H.B., Mattingly, Ph. Moreau, Cl. Nicolet J. Reynolds, J. Richardson, P. Stein, J. Stuart-Smith, C.H. Williamson. Pour les travaux de J.-L. Ferrary sur le droit romain, voir particulièrement Ferrary 2012 et (dir.) 2012.

15. Engelman et Knibbe 1989.

16. Nicolet 1994.

17. Ferrary 1988.

18. Pour le compte de l'institution, en qualité de curateur, G. W. Bowersock lui a confié en 2002 la mission de publication de la documentation inédite héritée de Jeanne et Louis Robert.

19. Ferrary 2015. Sur les études préliminaires, voir Ferrary 2000, 2005 et 2008.

20. Un premier volet de leurs travaux était paru : Robert J. et L. 1989. Sur leurs fouilles, voir Étienne et Varène 2004.

J.-L. Ferrary se consacra ensuite à nouveau à l'histoire politique et aux institutions[21], surtout de la fin de la République et du règne d'Auguste et la dernière intervention qu'il fit à la SFER en qualité d'orateur, fut sur le thème suivant : « Le nouveau fragment des Fastes de Privernum et l'organisation césarienne des pouvoirs pendant la guerre contre les Parthes[22] » (18 mars 2017), qu'il a également présentée le 16 octobre 2017 à Vienne devant l'Österreichische Akademie der Wissenschaften et à Paris le 1er décembre 2017 à l'Académie des Inscriptions et Belles-Lettres, en sa qualité de Vice-Président de l'Académie.

À Jean-Louis Ferrary, fervent défenseur de l'épigraphie, artisan convaincu de la réussite de la SFER, nous devons beaucoup. Son implication pour et au sein de la SFER rejoint et complète ce que l'on apprend de lui à travers les autres facettes de son métier, ses responsabilités, ses engagements et son dévouement. Il était un grand épigraphiste, érudit, curieux, soucieux du détail et convaincant par l'argumentation rigoureuse qu'il menait, mais on peut ajouter aussi que dans son action, il a toujours veillé à être bienveillant et rassembleur. De ce fait, sa disparition, le 9 août 2020, laisse une grande tristesse : tous les sociétaires de la SFER, collègues, élèves, amis, qui l'ont côtoyé ne peuvent que ressentir le vide qu'il laisse derrière lui. Et en même temps, la grande richesse de l'héritage culturel et scientifique et l'esprit humaniste qu'il nous offre l'érigent en « commun évergète » de l'épigraphie et des épigraphistes. Il est un modèle pour chacun d'entre nous, épigraphistes, sociétaires de la SFER et évidemment au-delà de ce cercle tous ceux qui l'ont connu et apprécié.

Il a su utiliser l'épigraphie comme un art noble nourrissant la pensée de façon féconde. Qu'il soit remercié pour l'œuvre magistrale accomplie avec détermination, bienveillance, élégance et prestige. Sa mémoire perdurera dans nos esprits et dans nos cœurs.

Christine Hoët-van Cauwenberghe
Présidente de la Société Française d'Études épigraphiques sur Rome et le monde romain

Bibliographie

Andreau 2008 : J. Andreau, « Remarques sur l'épigraphie de l'*instrumentum domesticum* dans les provinces de langue grecque », *CGG*, 19, 2008, p. 187-199.

Belayche 2008 : N. Belayche, « Un dieu romain et ses dévots au sanctuaire d'Antioche de Pisidie », *CGG*, 19, 2008, p. 201-218.

Christol 2011 : M. Christol, « L'organisateur du Centre Gustave-Glotz et l'historien de la fiscalité », *CGG*, 22, 2011, p. 85-94.

Crawford 1996 : M. H. Crawford (éd.), *Roman Statutes*, Institute of Classical Studies (Bulletin of the Institute of Classical Studies, suppl. 64), London, 1996.

21. Voir tout particulièrement Ferrary 2001 sur les pouvoirs d'Auguste.
22. Voir Zevi 2016 et Ferrary 2017.

Demougin 2021 : S. Demougin, « Jean-Louis Ferrary (1948-2020) », *Annuaire de l'École pratique des hautes études (EPHE), Section des sciences historiques et philologiques*, 152 | 2021, XXI-XXV. DOI : https ://doi.org/10.4000/ashp.4934

Engelmann et Knibbe 1989 : H. Engelmann et D. Knibbe, *Das Zollgesetz der Provinz Asia. Eine neue Inschrift aus Ephesos* (*Epigraphica Anatolica*, 14), Bonn, 1989.

Étienne et Varène 2004 : R. Étienne et P. Varène, *Sanctuaire de Claros, l'architecture, les propylées et les monuments de la voie sacrée. Fouilles de Louis et Jeanne Robert et Roland Martin, 1950 1961*, Paris, 2004.

Ferrary (dir.) 2008 : J.-L. Ferrary, « L'épigraphie des provinces hellénophones », Dossier des actes de la journée d'études du 9 juin 2007, *CGG*, 19, 2008.

Ferrary, (dir.) 2012 : J.- L., Ferrary (dir.), *Leges publicae. La legge nell'esperienza giuridica romana*, Pavia, 2012.

Ferrary 1977 : J.-L. Ferrary, « Recherches sur la législation de Saturninus et de Glaucia », *MEFRA*, 89, 1977, p. 619- 660.

Ferrary 1979 : J.-L. Ferrary, « Recherches sur la législation de Saturninus et de Glaucia, II. La loi *de iudiciis repetundarum* de C. Servilius Glaucia », *MEFRA*, 91, 1979, p. 85-134.

Ferrary 1983 : J.-L. Ferrary, « Les origines de la loi de majesté à Rome », *CRAI*, 127e année, N. 4, p. 556-572.

Ferrary 1985 : J.-L. Ferrary, « La Lex Antonia de Termessibus », *Athenaeum*, 68, 1985, p. 419-457.

Ferrary 1987-1989 : J.-L. Ferrary, « Les Romains de la République et les démocraties grecques », *Opus*, 6-8, 1987-1989, p. 203-216.

Ferrary 1988 : J.-L. Ferrary, *Philhellénisme et impérialisme : aspects idéologiques de la conquête romaine du monde hellénistique, de la seconde Guerre de Macédoine à la Guerre contre Mithridate*, Rome, 1988, rééd. 2014 EFR.

Ferrary 1991 : J.-L. Ferrary, « Le statut des cités libres dans l'Empire romain à la lumière des inscriptions de Claros », *CRAI*, 1991, p. 557-577.

Ferrary 2000 : J.-L. Ferrary, « Les inscriptions du sanctuaire de Claros en l'honneur de Romains », *BCH*, 124, 2000, p. 331-376.

Ferrary 2001 : J.-L. Ferrary, « À propos des pouvoirs d'Auguste », *CGG*, 12, 2001, p. 101-154.

Ferrary 2005 : J.-L. Ferrary, « Les mémoriaux de délégations du sanctuaire oraculaire de Claros et leur chronologie », *CRAI*, 2005, p. 719-765.

Ferrary 2008 : J.-L. Ferrary, « L'onomastique dans les provinces orientales de l'Empire, à la lumière du dossier des mémoriaux de délégations de Claros », *CCG*, 19, 2008, p. 247-278.

Ferrary 2010 : J.-L. Ferrary, « Le sanctuaire de Claros à l'époque hellénistique et romaine », dans J. de La Genière, A. Vauchez et J. Leclant (éd.) : *Les sanctuaires et leur rayonnement dans le monde méditerranéen de l'Antiquité à l'époque moderne. Actes du 20e colloque de la Villa Kérylos, les 9 et 10 octobre 2009, Paris, AIBL* (Cahiers de la villa "Kérylos", 21), 2010, p. 91-114.

Ferrary 2012 : J.-L. Ferrary, *Recherches sur les lois comitiales et sur le droit public romain*, Pavia, 2012.

Ferrary 2015 : J.-L. Ferrary, *Les mémoriaux de délégations de Claros, d'après la documentation conservée dans le Fonds Jeanne et Louis Robert (Académie des Inscriptions et Belles lettres)*, (Mémoires de Académie des Inscriptions et Belles lettres, 49), Paris, 2015.

Ferrary 2017 : J.-L. Ferrary, « Le nouveau fragment des Fastes de Privernum et l'organisation césarienne des pouvoirs pendant la guerre contre les Parthes », *CRAI*, 2017, p. 1561-1581.

Haensch 2008 : R. Haensch, « Des empereurs et des gouverneurs débordés. À propos des lettres d'Hadrien aux technites dionysiaques récemment publiées », *CGG*, 19, 2008, p. 177-186.

Heller *et al.* 2019 : A. Heller, C. Müller et A. Suspène (dir.), *Hommage à Jean-Louis Ferrary,* Philorhômaios kai philhellèn, Genève, 2019.

Hoët-van Cauwenberghe 2022 : C. Hoët-van Cauwenberghe, « Jean-Louis Ferrary et l'épigraphie romaine au sein de la SFER », dans *Au service de l'épigraphie romaine (SFER, 1995-2020). Vingt-cinq années d'engagement de la Société Française d'Épigraphie sur Rome et le monde romain*, Bordeaux, 2022, p. 99-111.

Nicolet 1994 : C. Nicolet, « Documents fiscaux et géographie dans la Rome ancienne », dans S. Demougin (éd.), *La mémoire perdue. À la recherche des archives oubliées, publiques et privées, de la Rome antique,* Paris, 1994, p. 149-172.

Pont 2008 : A.-V. Pont, « L'inscription en l'honneur de M. Ulpius Carminius Claudianus à Aphrodisias (*CIG*, 2782) », *CGG*, 19, 2008, p. 219-245.

Ritti 2008 : T. Ritti, « La carriera di un cittadino di Hierapolis di Frigia : G. Memmios Eutychos », *CGG*, 19, 2008, p. 279-308.

Robert et Robert 1989 : L. Robert et J. Robert, *Claros I Décrets hellénistiques* 1, Paris, 1989.

Zevi 2016 : F. Zevi, « I Fasti di *Privernum* », *ZPE*, 197, 2016, p. 287-309.

Sites

www.aibl.fr/membres/academiciens-depuis-1663/article/ferrary-jean-louis
www.anhima.fr
https ://prosopo.ephe.psl.eu/jean-louis-ferrary

Pierre Ducrey

JEAN-LOUIS FERRARY ET LA FONDATION HARDT

Je voue une reconnaissance profonde à Jean-Louis Ferrary pour son activité au sein de la Commission scientifique de la Fondation Hardt pour l'étude de l'Antiquité classique, à Vandœuvres près de Genève, de 2003 à sa disparition. Dans le cadre de mon mandat de président, puis de directeur de la Fondation Hardt, durant la période de 2005 à ses derniers jours, j'ai eu le privilège de collaborer avec lui et de recourir à sa sagesse et à ses bons conseils (fig. 1). Une complicité amicale s'était développée entre nous et on peut dire que son influence sur certaines décisions que j'ai été amené à prendre a été décisive. Nos liens d'amitié et de collaboration ont trouvé par le hasard des circonstances un autre terrain d'action, nos présidences simultanées des Conseils d'administration des Écoles française de Rome et d'Athènes.

C'est en 2003 que Jean-Louis Ferrary a bien voulu accepter d'entrer au Conseil de la Fondation Hardt, en qualité de représentant du CNRS (fig. 2 et 3). Les liens unissant la Fondation Hardt à d'illustres représentants français des sciences de l'Antiquité remontent aux origines mêmes de la Fondation. Le Baron Kurd von Hardt se plaisait à consulter en particulier le père André-Jean Festugière, qui joua un rôle déterminant dans le choix du thème et dans l'organisation des premiers *Entretiens de la Fondation Hardt sur l'Antiquité classique*, organisés en 1952 et intitulés : « La notion du divin depuis Homère jusqu'à Platon. » Le premier volume de la série des *Entretiens*, qui en compte soixante-six à ce jour (le tome 67 est en préparation), est paru en 1954.

Nombreux sont les membres de l'Académie des Inscriptions et Belles-Lettres de l'Institut de France à avoir siégé au sein des organes de la Fondation, Conseil, Conseil scientifique, devenu en 2005 Commission Scientifique. Jean Pouilloux est le premier d'entre eux à faire partie du Conseil de la Fondation, et Jacqueline de Romilly la première femme à entrer au Comité scientifique, en même temps que Pierre Grimal. Ils ont pour successeurs Jacques Jouanna et Jean-Louis Ferrary.

J. de Romilly est chargée de préparer les *Entretiens* de 1982 (« Sophocle »), alors que Pierre Grimal participe aux *Entretiens* « Lucain » (1968), « Lucrèce » (1977), « Aspects de la philosophie hellénistique » (1985) et prépare les *Entretiens* 1989 (« Sénèque et la prose latine »). Jean Bingen, futur membre associé étranger de l'AIBL, prépare les *Entretiens* de 1990 (« Le sanctuaire grec »)

Cahiers Glotz, XXXII, 2021, p. 81-86.

et de 1994 (« Pausanias historien »). Jacques Jouanna est particulièrement actif au sein de la Fondation, participant à trois séries d'*Entretiens*, en dernier lieu en 2008 (« Eschyle à l'aube du théâtre occidental »), qu'il a préparé avec Franco Montanari, et auparavant en 1996 (« Médecine et morale dans l'Antiquité ») et en 2002 (« Galien et la philosophie »). John Scheid avait participé aux *Entretiens* 1999 (« La Révolution romaine après Ronald Syme, Bilan et perspectives »), avant de préparer les *Entretiens* 2006 (« Rites et croyances dans les religions du monde romain »). Claude Nicolet a préparé les *Entretiens* 1995 (« Les littératures techniques dans l'Antiquité romaine »). L'Américain Glen Bowersock, associé étranger de l'AIBL, compte parmi les personnalités les plus actives, puisqu'il totalise quatre participations à des *Entretiens* : 1972 (« Le culte des souverains dans l'Empire romain »), 1978 (« Le classicisme à Rome aux I^ers^ siècles avant et après J.-C. »), 1986 (« Opposition et résistances à l'Empire d'Auguste à Trajan »), enfin 1997 (« La biographie antique »).

En 2003, année de l'entrée de Jean-Louis Ferrary au Conseil, la Fondation émerge d'une crise, qui avait menacé sinon son existence, au moins son maintien dans sa demeure de la campagne genevoise. Conséquence de la situation générale, aucune programmation n'était prévue pour l'organisation des *Entretiens sur l'Antiquité classique* à partir de 2006. Dans sa séance d'octobre 2004, le Comité scientifique de la Fondation Hardt se trouve bien embarrassé : il lui appartient de choisir d'urgence pour les *Entretiens* 2006 un thème, un responsable et des participants. De toutes les propositions reçues, une seule entre en ligne de compte. Elle émane de Rober Parker, l'éminent professeur d'Oxford, et a trait à la religion romaine. Il reste à trouver la personne en mesure de « préparer » ces *Entretiens*, selon la terminologie propre à la Fondation, c'est-à-dire déterminer la problématique et réunir les huit orateurs de haut niveau susceptibles de présenter autant de communications. Jean-Louis Ferrary accepte de se charger de cette mission. En un tour de main, il trouve le responsable idéal : John Scheid, professeur au Collège de France. Les *Entretiens* 2006 se tiendront conformément au calendrier traditionnel et le volume, 53e de la série, paraît normalement en août 2007, sous le titre de *Rites et croyances dans les religions du monde romain.*

Jean-Louis Ferrary n'a cessé d'œuvrer pour la Fondation Hardt. C'est sans doute grâce à son soutien que la Fondation a été honorée en 2016 du Prix Pantel décerné par l'Académie des Inscriptions et Belles-Lettres. Le 1er janvier 2017, il prend la succession de Robert Parker à la présidence de la Commission scientifique de la Fondation. Il n'aura présidé que trois séances de la Commission, celles de 2017, 2018 et 2019. Mais tous les participants aux séances gardent le souvenir de son autorité tranquille, mais ferme et empreinte de courtoisie. (fig. 4).

Deux présidences parallèles

Notre collaboration amicale a trouvé un autre champ d'application encore, dans lequel la Fondation Hardt n'a joué aucun rôle. En 2011, Jean-Louis Ferrary était appelé au poste de président du Conseil d'administration de l'École française de Rome, l'année même où j'ai été élu à la présidence du Conseil d'administration de l'École française d'Athènes. Ces fonctions symétriques semblaient destinées à subir le sort des droites parallèles en géométrie : ne jamais se rencontrer. C'était compter sans l'action bienveillante du ministère de l'Éducation nationale. Aiguillonné par les spécialistes de la Cour des comptes, ce dernier avait mis à son programme le terme « mutualisation ». Il s'agissait de mutualiser, c'est-à-dire de « mettre en commun » des pans entiers des services des cinq Écoles françaises à l'étranger : l'École française d'Athènes, fondée en 1846, l'École française de Rome (1875), l'Institut français d'archéologie orientale, au Caire (1880), l'École française d'Extrême-Orient (Paris, 1898) et la Casa de Velázquez, à Madrid (1920).

Avec l'entrée en fonction du président François Hollande, au printemps 2012, et le renouvellement des équipes du Ministère, cette aspiration devint bientôt une réalité, avant de revêtir la forme d'une menace, réelle ou supposée, sur l'autonomie et l'indépendance des cinq institutions françaises à l'étranger les plus vénérables et les plus prestigieuses. Du côté des Écoles, les acteurs étaient les directeurs des cinq établissements, ce qui était habituel, mais aussi les présidents de leurs Conseils d'administration nouvellement nommés, ce qui marquait une innovation.

C'est ainsi qu'à plusieurs reprises, en 2012-2013, le collège des présidents et directeurs fut appelé à siéger avec des représentants du Ministère, rattachés à des niveaux hiérarchiques différents et, il faut bien le dire, dotés de connaissances et de compétences techniques variées. Aucun participant n'a oublié telle séance de janvier 2013 à laquelle le principal spécialiste du Ministère, victime d'un accident et empêché, a été suppléé de manière impromptue par une personne de rang hiérarchique supérieur, mais privée de la connaissance intime du dossier. La malheureuse s'est trouvée jetée sans préparation au cœur d'une fosse aux lions, si l'on peut appeler ainsi le groupe très honorable de ces « fauves » déchaînés que sont des présidents et directeurs d'institutions de recherche. Inutile de dire que les dossiers ne progressèrent guère ce jour-là.

C'est dans ce cadre que j'ai eu l'occasion de travailler de manière étroite avec Jean-Louis Ferrary durant plus d'une année et que j'ai découvert, parmi ses nombreuses qualités, sa clairvoyance, sa perspicacité, mais aussi sa modestie et sa discrétion. Il lui appartenait en effet de prendre dès la première séance la présidence du collège des présidents et directeurs. Mais, à ma plus grande surprise, il a refusé cet honneur et cette charge. Au contraire, il m'a proposé d'occuper moi-même la place qui lui revenait. Les séances, nombreuses, furent parfois houleuses, avant que, progressivement, un consensus et des solutions créatives ne se dégagent.

Le savant

On est frappé par l'extraordinaire productivité scientifique de Jean-Louis Ferrary. Il marque son temps par son monumental ouvrage : *Philhellénisme et impérialisme. Aspects idéologiques de la conquête romaine du monde hellénistique* (1988, 2e éd. 2014, plus de 700 pages), suivi par le recueil de ses articles, *Rome et le monde grec* (2017, 590 pages). Son autre publication récente, *Les mémoriaux de délégations de Claros, d'après la documentation conservée dans le Fonds Jeanne et Louis Robert* (2014), forme un second pilier de son œuvre. Comme troisième pilier, je retiendrai ses enquêtes sur les « antiquaires » de la Renaissance, notamment l'image des « Antiquités romaines » dans l'œuvre d'Onofrio Panvinio. Sans doute cette répartition classiquement trinaire est-elle insatisfaisante, puisqu'elle ne laisse pas de place pour un quatrième groupe de travaux de Jean-Louis Ferrary, ceux qui sont consacrés à l'histoire de la genèse et de l'interprétation du droit romain.

En conclusion, je dirai que j'ai perdu un ami dont le soutien me manque et me manquera à jamais.

Pierre Ducrey
Professeur honoraire à l'Université de Lausanne,
Directeur de la Fondation Hardt

Fig. 1 : Jean-Louis Ferrary et Valérie Fromentin à la Fondation Hardt en 2018.

Fig. 2 : Le bâtiment principal de la Fondation Hardt.

Fig. 3 : La bibliothèque.

Fig. 4 : Jean-Louis Ferrary préside la séance de la Commission scientifique de 2019.

Photos archives de la Fondation Hardt.

Arnaud Suspène

JEAN-LOUIS FERRARY ET SES ÉLÈVES

Les organisateurs de cette journée d'hommage ont voulu qu'elle se conclue par le témoignage des élèves de Jean-Louis Ferrary. Je crois que l'idée ne lui aurait pas déplu, car lors de la cérémonie de remise de son épée d'académicien, le 16 mai 2007, il avait lui-même achevé ses remerciements non pas en revenant sur son parcours ou sur ses maîtres, mais bien en s'adressant à ses élèves. Au beau discours d'Anna Heller, il avait répondu : « Vous représentez l'avenir, c'est-à-dire l'essentiel[1]. » Ainsi, en ce moment de joie et d'accomplissement que fut pour lui son entrée à l'Institut, Jean-Louis Ferrary voulut penser aux générations qui le suivaient. Ce n'est pas seulement à ses élèves au sens institutionnel qu'il songeait, c'est-à-dire à ceux dont il avait dirigé les travaux de thèse ou patronné l'habilitation à diriger des recherches, mais aussi à tous ceux qui avaient sollicité et reçu son aide à un moment ou à un autre, qui étaient très nombreux et provenaient d'horizons très différents : historiens comme philologues, juristes et littéraires, épigraphistes ou philosophes, français ou étrangers. Ce souci des plus jeunes est une des formes les plus caractéristiques de la grande générosité de Jean-Louis Ferrary. En prenant la parole à la fin de cette cérémonie, je voudrais avant tout rappeler combien nous lui en sommes tous reconnaissants.

Pour autant, c'est une lourde responsabilité que de parler au nom des élèves. Si je l'ai acceptée, avec gratitude mais non sans scrupules ni tourments intérieurs, c'est non seulement parce j'ai eu le privilège de rédiger une thèse et une habilitation sous sa direction, mais surtout parce que les hasards de la carrière ont fait que j'ai été recruté à l'Université d'Orléans, ville dont Jean-Louis Ferrary était originaire, dans laquelle il avait fait son lycée et à proximité de laquelle ses parents vécurent toute leur vie, notamment, les dernières années, dans une maison qu'il avait conservée. Cela m'a amené, en particulier à partir du moment où ses soucis de santé se sont aggravés, à lui servir de chauffeur lors de ses séjours dans le Loiret, à l'assister ponctuellement dans ses démarches, et même à faire la connaissance de certains de ses anciens condisciples qui avaient également été des élèves de sa mère à l'école communale d'Ormes (et il était d'ailleurs difficile de dire si c'était la mère ou le fils qui leur avait laissé l'impression la plus vive). Je crois qu'un de ses derniers

1. Remerciements de M. Jean-Louis Ferrary, dans Ferrary 2007, notamment p. 42.

voyages culturels aura été, à l'été 2019, une expédition en Région Centre, qui le conduisit le même jour au Clos Lucé, pour voir la tapisserie représentant la Cène d'après Léonard, exceptionnellement prêtée à la France ; à Nouans-les-Fontaines pour y contempler la *piètà* de Jean Fouquet ; et enfin au Château de Beauregard où il se plut à déchiffrer les inscriptions grecques de la Renaissance qui ornent encore un manteau de cheminée. Lors de ce voyage mémorable, il avait donc pu à la fois satisfaire son goût pour l'Italie, pour la peinture, et pour les langues anciennes. J'ajoute qu'il avait aussi fait honneur à la gastronomie ligérienne. Cela ne surprendra pas ceux qui le connaissaient bien : son penchant pour la bonne cuisine, et tout spécialement pour les pâtisseries, était de notoriété publique. Christel Müller et Frédéric Hurlet, qui ont contribué à le ravitailler en gâteaux pendant ses divers séjours d'infortune, ne me démentiront pas. En raison de ces circonstances favorables, j'ai pu nouer avec lui une relation qui m'honore, et me tenir sinon tout à fait auprès de lui, du moins à très faible distance, pendant ses dernières années et presque jusqu'à la fin. Et c'est ce qui me conduit aujourd'hui à parler de lui dans cette enceinte, au nom des élèves.

*

* *

Je voudrais tout d'abord dire quelques mots de ce que signifie la disparition de Jean-Louis Ferrary pour ceux qui ont travaillé sous ses auspices. Car si nous le pleurons tous aujourd'hui, la perte qu'ont subie ses élèves est particulière : nous avons d'abord perdu un guide, un point de repère, celui qui nous a aidés dans nos premiers travaux et qui continuait de le faire bien après que nous fûmes entrés dans la carrière universitaire. Il était toujours là pour donner un conseil, relire un article, évaluer une idée, suggérer un contact. La démarche la plus judicieuse, en commençant une recherche, était toujours d'en parler avec Jean-Louis Ferrary, au téléphone ou mieux encore, dans le petit bureau vitré de la rue Vivienne ou dans un des restaurants qu'il affectionnait, autour du Palais Royal. Je ne suis pas sûr que le patron du restaurant corse *A Casaluna*, qu'il aimait entre tous, sache quelle place son établissement occupe dans l'histoire récente des humanités classiques. Je crois pour ma part qu'elle est considérable. À qui demander conseil maintenant ? Vers qui nous tourner ? La disparition de Jean-Louis Ferrary nous laisse tous un peu flottants.

Pour les élèves de Jean-Louis Ferrary, sa mort est aussi un arrachement : c'était une très forte personnalité, son influence était profonde, et allait bien au-delà de son autorité scientifique elle-même. Quel que soit le rythme des rencontres, qui pouvaient être assez espacées, notamment avec ceux de ses élèves qui se trouvent hors de France, Jean-Louis Ferrary restait très présent à l'esprit de tous ses disciples. Cela s'explique facilement. Sa bienveillance a été soulignée à plusieurs reprises, et chacun d'entre nous pouvait en faire l'expérience très concrètement : il suivait avec attention la carrière de ses protégés, se réjouissait de la parution d'un livre ou d'un article, d'un recrutement, d'un projet financé, d'un prix obtenu, souffrait sincèrement à l'inverse d'un revers de carrière ou d'une difficulté ponctuelle ; certains de ses élèves, qui n'étaient pas les moins méritants, ne sont pas parvenus à être recrutés à l'université, et c'était pour lui une vraie douleur. Cette empathie était touchante : il lui aurait été facile de s'isoler dans sa supériorité, de se concentrer sur sa propre réussite, de regarder avec distance les difficultés rencontrées par de moins brillants que lui. Il n'en faisait rien et il était authentiquement ravi des succès de ses élèves et navré de leurs échecs. Il faudrait ajouter qu'il était chaleureux, et savait inspirer de l'affection : en discutant avec telle ou tel, on sent très vite combien ceux qui ont bénéficié de son soutien et de ses conseils lui étaient attachés. Comme l'ont rappelé ses amis les plus intimes, tels D. Mantovani ou J. Scheid, il riait beaucoup, et il riait aussi avec ses élèves : nous avons également profité, et parfois fait les frais, de son humour caustique et de sa malice. En un mot, il nous a tous durablement marqués aussi sur le plan humain, et sa disparition crée en nous une brèche et un vide. Cela n'est pas vrai que pour nous, mais c'est vrai pour nous d'une manière spéciale. Nous avons perdu un maître et nous avons en même temps perdu un proche.

Au-delà de ce triste constat, comment évoquer précisément ce que Jean-Louis Ferrary a représenté pour ses élèves ? C'est en vérité une tâche presque impossible, une tâche en tout cas qui défie la synthèse : chaque relation entre un professeur et son disciple est singulière et comporte une part d'intime et d'affectif, qui ne fait que croître avec le temps. Tous ceux dont j'ai sollicité le témoignage m'ont dit combien il leur était difficile et douloureux de décrire leurs rapports avec Jean-Louis Ferrary autrement que par quelques phrases voilées de pudeur. Il faut bien pourtant essayer d'en dire quelque chose, pour garder le souvenir de cette part importante de lui-même qui ne se trouve pas dans ses livres. Je demande par avance leur indulgence aux uns et aux autres si ce que j'aurai dit ne correspond qu'imparfaitement à leurs souvenirs.

Je ne m'étendrai pas longuement sur l'action de Jean-Louis Ferrary en tant que directeur de recherche. Les aspects les plus saillants en ont déjà été évoqués en 2007 par Anna Heller, qui a dit et écrit[2] mieux que je ne saurais le faire tout ce que Jean-Louis Ferrary nous a apporté au moment de nos débuts académiques : comme elle, je citerai son séminaire, si érudit et si éclairant, où il nous perdait parfois, avant de nous ramener toujours à bon port, en quelques phrases lumineuses qui résumaient les acquis d'une recherche extraordinairement minutieuse ; je mentionnerai, comme elle, sa façon attentive et discrète de nous diriger, sans nous brusquer, et sans jamais ménager ni son temps ni ses lumières, si nous savions en profiter ; je citerai bien sûr son goût du décloisonnement des disciplines et des espaces, qui nous aura influencés pour toujours et qui explique que nous ayons régulièrement écrit à deux, helléniste et romaniste, épigraphiste et numismate, juriste et historien, des articles d'histoire ancienne ; et je mentionnerai enfin comme elle sa générosité, dont les exemples sont si nombreux.

Tout au plus puis-je ajouter quelques souvenirs qui me sont revenus au fil du temps, au cours de discussions avec d'autres, ou bien en lisant les nombreux hommages qui ont été écrits pour Jean-Louis depuis le 9 août 2020.

En premier lieu je voudrais évoquer les moments de son séminaire où il se livrait à la traduction d'un texte grec ou latin. L'entendre traduire *aperto libro*, debout et une main dans la poche, Polybe, Dion Cassius, Cicéron, une inscription ou un document juridique était une expérience inoubliable. La compréhension

2. Allocution de Mme Anna Heller, dans Heller 2007, p. 9-13.

du texte était profonde et totale, et la restitution en français éblouissante : les mots s'agençaient magiquement à mesure de la traduction pour composer un texte homogène ; ils coulaient de source tout en élucidant le document. À la fin de l'exercice, que Jean-Louis Ferrary accomplissait comme en se jouant, le sens, clairement exposé, était emprisonné à l'intérieur d'une phrase française d'un équilibre parfait. Plus encore que la maîtrise de textes anciens qui pouvaient être d'une extrême difficulté, c'est la qualité du texte français qui étonnait. Cette virtuosité de traducteur a frappé de nombreux auditeurs du séminaire. Ce n'était du reste qu'une des facettes de son intime connaissance de la langue française. Je crois qu'on peut dire sans exagération que Jean-Louis Ferrary maniait notre langue comme un véritable écrivain.

C'est aussi pour cela qu'il était si difficile de mettre ses ouvrages en fiches ou de prendre en note ce qu'il disait : si l'on entreprenait de résumer sa pensée, ou pire de la reformuler, on en manquait généralement un élément important ou une nuance, et le contresens venait très vite. Il était donc courant que l'étudiant consciencieux voulant faire une fiche finisse par recopier mot pour mot, tel Bouvard et Pécuchet, ce que Jean-Louis Ferrary avait écrit, tout simplement parce qu'il n'y avait pas de meilleure façon, ni de façon plus économique, ni en réalité d'autre façon d'exprimer ce qu'il avait voulu dire.

On pouvait faire une expérience un peu analogue à l'oral : lorsque Jean-Louis développait un argument, il lui arrivait de suspendre sa phrase un peu avant sa conclusion, pour réfléchir encore à sa formulation ; la tentation était grande alors de vouloir terminer la phrase à sa place, au moins mentalement ; malheur à qui s'y risquait : lorsque la conclusion venait finalement, elle était toujours plus élégante et plus précise que ce qu'on avait naïvement imaginé. Invariablement, elle comportait aussi un aperçu nouveau et saisissant, auquel il était bien le seul à pouvoir penser.

Parmi les souvenirs de son séminaire, je voudrais également mentionner la retenue dont il faisait preuve avant d'avancer une hypothèse. Il arrivait, pendant une séance, qu'il dise n'avoir pas la solution définitive d'un problème ; mais si nous le poussions dans ses derniers retranchements, il se laissait parfois fléchir et exposait alors, quasi malgré lui, une explication qui nous paraissait parfaitement aboutie et très vraisemblable, mais dont il n'aurait pas fait état spontanément, parce qu'elle lui semblait trop peu fondée. Dans cette prudence, qui frappait déjà ses maîtres, entraient à la fois une extrême rigueur intellectuelle et une grande modestie.

Cette modestie se manifestait aussi dans sa façon de solliciter l'avis des auditeurs de son séminaire, non pas pour tester leurs connaissances ou leur sagacité, encore moins pour les mettre en difficulté, mais parce qu'il pensait sincèrement que la lumière pouvait venir d'eux. Cette attitude était le meilleur des encouragements puisqu'elle suggérait que les hauteurs intellectuelles où il évoluait lui-même n'étaient pas tout à fait inaccessibles (cette illusion se dissipait assez vite à vrai dire, et je ne crois pas que beaucoup se soient aventurés à prendre la parole dans le séminaire).

Ce qui surprenait également, lorsqu'il recevait un étudiant ou un collègue en marge du séminaire, c'était sa faculté de discuter d'un nombre proprement stupéfiant de sources anciennes comme s'il venait de les lire la veille. La première fois, on croyait à un hasard. Puis il fallait se rendre à l'évidence. Il avait présents à l'esprit avec une très grande précision non seulement les ouvrages les plus célèbres de la littérature classique, mais encore nombre de documents plus confidentiels et de toutes natures, ce qui pouvait d'ailleurs conduire l'étudiant non averti à surestimer la notoriété réelle d'une source. De même, il pouvait à tout moment revenir sur n'importe lequel de ses articles ou de ses livres, et en prolonger le raisonnement, comme s'il était encore en train de l'écrire[3]. Son exceptionnelle mémoire lui permettait enfin de reprendre le fil d'une conversation interrompue plusieurs semaines auparavant et dont son interlocuteur avait pour sa part un souvenir beaucoup moins net. Cela aussi pouvait constituer une expérience assez déstabilisante.

À propos de la façon dont il dirigeait nos travaux, j'aimerais évoquer son usage bien particulier de l'éloge et du blâme : il versait rarement dans le lyrisme, se contentant d'un crochet en marge d'un développement qui le satisfaisait ; en guise de dithyrambe, l'une d'entre nous a obtenu un jour la mention suivante, en petits caractères serrés : « dans l'ensemble, vous avez bien su poser le problème » – elle ne s'y est pas trompée et en a conçu très légitimement une grande fierté. La contrepartie de cette retenue dans l'éloge était que sa façon de blâmer était elle aussi très modérée, du moins en règle générale. Il ne condamnait pas frontalement et préférait l'euphémisme (« cela ressemble à une fausse bonne idée », « c'est probablement une fausse piste », « la première partie est un peu décevante ») ; ou bien il observait un silence à vrai dire dévastateur. Si l'on persévérait dans l'erreur, il savait bien sûr se montrer explicite : « ne me faites plus jamais cela », dit-il un jour à un imprudent ; mais il prenait garde de ne pas blesser.

De sa générosité enfin, je retiendrai la disponibilité dont il continuait à faire preuve, alors même qu'il était déjà très malade, à l'égard des nouveaux inscrits de la bibliothèque Gernet-Glotz, qui lui était si chère : à deux reprises au moins je l'ai vu faire les honneurs de la bibliothèque à de jeunes masterants qu'on lui avait adressés, leur présentant les lieux, les sources, les usuels, l'organisation générale du fonds. Auteur de l'œuvre que l'on sait, environné de l'admiration universelle, malade, il ne considérait pas comme au-dessous de lui de guider très concrètement les tout premiers pas d'un chercheur débutant.

Dans le même ordre d'idée, on pourrait encore citer les innombrables lettres de recommandation, toujours précises et soignées, qu'il a écrites, le nombre de projets qu'il a relus et améliorés, les parrainages qu'il a accordés. Comme me l'a fait observer Alberto Dalla Rosa, il avait parfaitement su s'adapter aux nombreux dispositifs liés à la recherche sur projet, et il n'hésitait pas à faire bénéficier les autres de son expérience. On le sollicitait rarement en vain, et la semaine même qui précéda sa disparition, il pouvait encore songer à écrire une lettre de soutien, ou à recevoir à la rentrée de septembre quelqu'un qui sollicitait un avis. En somme, pour tous ceux qui le désiraient, il se révélait un mentor aussi consciencieux qu'infatigable.

*

* *

3. La parution des deux recueils Ferrary 2012 et 2017, rendue possible par D. Mantovani et par D. Rousset, a constitué à cet égard un événement très important. La réunion de ses anciens travaux, dont il aimait à parler, a non seulement permis à ses lecteurs de nouvelles approches de son œuvre, plus suivies, mais aussi de nouvelles discussions avec Jean-Louis Ferrary.

C'est à la fin des années 2000 qu'ont été dressés les premiers bilans de l'enseignement de Jean-Louis Ferrary. Depuis cette période, ses élèves et ses disciples ont vieilli, leur nombre s'est accru; ils ont eu à leur tour des élèves, et leurs relations avec Jean-Louis ont évolué, comme aussi je crois la façon dont Jean-Louis considérait ces relations.

Au nombre des développements les plus marquants de ces dernières années, il y eut d'abord l'aventure de ses Mélanges[4]. Parmi les élèves, c'est à Christel Müller que revient le mérite d'avoir convaincu Jean-Louis de l'intérêt d'une initiative qui commença par l'étonner un peu – toujours sa modestie –, puis qui finit par lui procurer une grande joie.

En effet, à la faveur de ces Mélanges, il a pu constater une nouvelle fois l'affection dont il était l'objet partout dans la République des Lettres. La remise officielle du volume *Philorhômaios kai philhellèn* que l'Institut a bien voulu organiser le 7 juin 2019 a constitué pour lui, comme douze ans auparavant la remise de son épée d'Académicien, une de ces cérémonies à la fois institutionnelles et amicales auxquelles il était si sensible. Il était très affaibli déjà, mais on l'avait retrouvé tel qu'aux meilleures heures : épanoui, heureux et rayonnant.

En préparant ces Mélanges, et en l'écoutant revenir sur sa carrière le 7 juin 2019, mais aussi quelques temps après lors d'un séminaire organisé par le laboratoire ANHIMA, nous avons pu mesurer qu'il n'avait jamais cessé de réfléchir à son rapport aux auteurs anciens, à ses relations avec ses devanciers, avec ses maîtres, avec ses collègues, et nous avons mieux compris, en particulier, quelle place il assignait à ses élèves dans cette réflexion.

C'est ainsi qu'à plusieurs reprises, on trouve sous sa plume des références à l'amitié et au rôle que celle-ci a joué dans sa vie et dans sa carrière : par exemple dans la postface à la réédition de *Philhellénisme*[5], ou dans son discours de remerciements lors de la remise de son épée[6], lorsqu'il évoque ses premiers maîtres et les rencontres qu'il a faites en France ou à l'étranger, et spécialement en Italie. Il faudrait ajouter aussi de nombreuses prises de parole publiques et de nombreux entretiens particuliers. C'est là un signe révélateur de la conception très haute qu'il se faisait des Humanités et de l'Université. Fils unique de parents eux-mêmes enfants uniques, Jean-Louis Ferrary avait su trouver auprès de ses amis et de ses collègues une communauté d'élection qui lui était extrêmement précieuse. Pour cette raison, il était heureux que des amitiés soient nées dans son séminaire, et que ses anciens élèves ou auditeurs continuent à collaborer et montent des projets ensemble.

Cette insistance sur l'amitié constituait aussi pour lui une façon de mettre en relation les Anciens et les Modernes. À vrai dire, certaines figures de l'Antiquité classique étaient également à ses yeux des figures familières, presque des proches, qu'il connaissait intimement. S'il n'était certes pas naïf et s'il ne se dissimulait ni les différences entre l'Antiquité et notre époque, ni la dureté des sociétés anciennes, il se sentait incontestablement des affinités avec un Flamininus, un Polybe, un Mucius Scaevola ou un Cicéron. Ce n'est pas un hasard s'il avait intitulé son premier travail de recherche « Les amis de Scipion-Émilien et l'empire de

4. Heller, Müller, Suspène 2019.
5. Ferrary 2014[2], p. 685-734, notamment p. 687.
6. Remerciements de M. Jean-Louis Ferrary, dans Ferrary 2007, p. 38-41.

Rome[7] ». Il s'agissait déjà pour lui d'explorer des rapports intellectuels qui étaient aussi des rapports humains.

De manière générale, il reconnaissait aux Anciens la même présence, la même densité humaine qu'aux plus sophistiqués des Modernes. Rien ne le dérangeait davantage qu'un ouvrage traitant les Anciens avec condescendance. Je me souviens de sa déception devant un livre où Flamininus était présenté comme le simple jouet des événements, comme un « paumé » en quelque sorte (je le cite). Pour cette raison, il avait été heureux que nous placions ses Mélanges sous le patronage de son cher Cicéron, cité dans l'inscription d'Oropos qui a fourni l'illustration de couverture.

Il se plaisait de même à souligner le rôle de l'amitié à l'époque des grands Humanistes, par exemple celle qui unissait Torelli, Agustín et Mattal[8], ou Agustín, Fulvio Orsini et Onofrio Panvinio[9]. Car s'il s'était formé à l'exemple des Humanistes et s'il continuait à notre époque leur projet intellectuel, il perpétuait aussi leur société, et le type de relations qu'ils avaient su établir. La République des lettres était pour lui un milieu très incarné, non pas seulement un cadre intellectuel où se déploie une suite de problèmes d'érudition, mais un lieu d'échange et de commerce avec des intelligences du passé.

Ainsi, fréquenter Jean-Louis Ferrary, c'était se trouver en rapport presque direct avec les grands noms de l'Antiquité et de la tradition humaniste et universitaire. Quelle chance extraordinaire pour ceux qui suivaient son enseignement ! Quelle expérience vertigineuse et inattendue !

Enfin, à l'intérieur de cette société d'amis dont Jean-Louis Ferrary avait voulu s'entourer, il ménageait à ses élèves une place à part. Et je voudrais à ce propos citer une métaphore étonnante, à laquelle il a parfois eu recours, pour désigner ses disciples. À la grande confusion des principaux intéressés, il lui est arrivé de présenter ses anciens élèves comme ses « enfants », et les élèves de ceux-ci comme ses « petits-enfants ». La dernière fois c'était je crois en introduisant un colloque organisé à Nanterre par les étudiants de Christel Müller et d'Anna Heller[10]. Dans son discours inaugural, il déclara que c'était « en quelque sorte ses enfants qui composaient le comité scientifique, et ses petits-enfants virtuels qui organisaient le colloque ». À ma connaissance, il a utilisé cette image pour la première fois au début des années 2000, en marge d'un jury d'habilitation où il siégeait avec Claude Nicolet (cette fois, c'était Claude Nicolet qui devait tenir le rôle du grand-père virtuel – je ne sais pas trop comment il avait pris la chose !). Par la suite j'ai entendu Jean-Louis reprendre l'image de la pseudo-filiation entre le professeur et son élève (pour paraphraser son ami Philippe Moreau[11]) à plusieurs reprises[12]. Chacun imaginera sans peine l'embarras dans lequel se trouvait alors plongé le disciple,

7. Ferrary 1973/1974.

8. Ferrary 1992, *e.g.* p. 32, 33, 37.

9. Ferrary 1996, p. 167-168.

10. « Les Grecs face à l'*imperium Romanum*. Résilience, participation et adhésion des communautés grecques à la construction d'un empire (IIe s. av. – Ier s. de n.è.) », colloque organisé les Jeudi 6 et Vendredi 7 juin 2019 à l'Université Paris-Nanterre. Outre Anna Heller et Christel Müller, le comité scientifique comprenait aussi Gabrielle Frija.

11. Ferrary 1989, p. 37-46.

12. Ainsi très régulièrement lors du passage à Paris de Pascale Fleury, professeur à l'Université Laval de Québec.

voire le disciple du disciple, honoré, exhaussé au-delà de toute considération de mérite par cette adoption souveraine. Jean-Louis Ferrary, au demeurant, était bien conscient des limites de la métaphore, et lorsqu'il l'employait, c'était bien sûr *cum grano salis* : on ne tardait pas à entendre ensuite son fameux rire. Il reste qu'il l'employait tout de même et cela dit assez quel prix il accordait à la filiation intellectuelle et à l'enchaînement des générations académiques mais aussi, encore une fois, combien il se souciait de ceux dont il avait eu un moment la responsabilité.

La fin de Jean-Louis Ferrary a été très douloureuse : à la maladie, et à la lourdeur du traitement, s'est ajouté le contexte aggravant de la pandémie. Ceci l'a empêché d'organiser ses affaires comme il l'aurait voulu. Mais ce qu'il a tout de même souhaité, quand la situation est devenue particulièrement difficile, c'est que les personnes qui l'avaient régulièrement assisté prennent contact les unes avec les autres, et se donnent de ses nouvelles. Il a été obéi et il a été heureux je crois de constater que les informations ont circulé et qu'autour d'Elisabeth Lemirre et de Philippe Moreau se soit rapidement mobilisé le large réseau de ses amis. Les élèves et les disciples y ont pris leur place et dans les universités françaises et étrangères, ceux qui ont vécu dans les affres ces terribles journées de juillet et d'août 2020 n'ont pas manqué.

Pour finir, je voudrais citer, sans grande originalité, quelques paroles de Cicéron. Il s'agit du passage du *De amicitia* où Laelius évoque le souvenir de Scipion. J'en ai lu le début lors de l'inhumation des cendres de Jean-Louis, à Ormes, il y a presque un an[13] et Ph. Moreau m'a fait l'honneur de le reprendre dans son hommage de la *Revue de Philologie*[14]. À la phrase que nous avons citée tous les deux je joins cette fois celle qui la suit, et qui me semble vraie pour tous les élèves de Jean-Louis et j'espère aussi pour ceux qu'ils ont formés et formeront encore. « Pour ma part, malgré la disparition soudaine de Scipion, je pense qu'il vit encore et qu'il vivra toujours : car c'est sa valeur que j'ai aimée et elle n'a pas cessé de vivre. Je ne suis d'ailleurs pas le seul à garder présent le souvenir de cette valeur, moi qui l'ai toujours connue ; pour nos descendants encore elle conservera sa clarté et son éclat[15]. »

Arnaud SUSPÈNE
Professeur à l'Université d'Orléans

BIBLIOGRAPHIE

Ferrary 1973/1974 : J.-L. Ferrary, « Les amis de Scipion-Émilien et l'empire de Rome » (position de thèse), *Annuaire de l'École pratique des hautes études, 4e Section, sciences historiques et philologiques*, 106, 1973/1974, p. 837-842.

Ferrary 1989 : J.-L. Ferrary, « La relation de pseudo-filiation entre questeur et préteur. Les vicissitudes d'un modèle politique romain tiré des relations de parenté », dans F. Thélamon, (éd.), *Aux sources de la puissance : sociabilité et parenté. Actes du colloque de Rouen (12-13 nov. 1987)*, Rouen, 1989, Publications de l'Université de Rouen, 148, p. 37-46.

13. Le 29 septembre 2020.
14. Voir Moreau 2019, p. 11.
15. Cic. *Lael. de am.* 102 (trad. R. Combès).

Ferrary 1992 : J.-L. Ferrary, *Correspondance de Lelio Torelli avec Antonio Agustín et Jean Matal (1542-1553). Texte édité et commenté par Jean-Louis Ferrary*, Como, 1992 (Biblioteca di Athenaeum, 19).

Ferrary 1996 : J.-L. Ferrary, *Onofrio Panvinio et les Antiquités Romaines*, Roma, 1996, (Collection de l'École Française de Rome, 214).

Ferrary 2007 : J.-L. Ferrary, dans *Remise à Jean-Louis Ferrary de son épée d'académicien. 16 mai 2007. Grand Salon de la Sorbonne*, p. 33-42.

Ferrary 2012 : J.-L. Ferrary, *Recherches sur les lois comitiales et sur le droit public romain*, Pavia, 2012 (Cedant, 10).

Ferrary 2014²: J.-L. Ferrary, *Philhellénisme et impérialisme. Aspects idéologiques de la conquête romaine du monde hellénistique de la seconde guerre de Macédoine à la guerre contre Mithridate*, Roma, 2014² (Classiques de l'École française de Rome).

Ferrary 2019 : J.-L. Ferrary, *Rome et le Monde grec. Choix d'écrits*, Paris, 2017 (Epigraphica, 9).

Heller 2007 : A. Heller, dans *Remise à Jean-Louis Ferrary de son* épée *d'académicien. 16 mai 2007. Grand Salon de la Sorbonne*, p. 9-13.

Heller, Müller, Suspène 2019 : A. Heller, Chr. Müller, A. Suspène (éd.), Philorhômaios kai philhellèn. *Hommage à Jean-Louis Ferrary*, Genève, 2019 (Hautes Études du monde gréco-romain, 9).

Moreau 2019 : Ph. Moreau, « Jean-Louis Ferrary (1948-2020) », *Revue de Philologie, de littérature et d'histoire anciennes*, 93.1, 2019, p. 9-11.

Ce volume,
publié aux Éditions Les Belles Lettres,
a été achevé d'imprimer
en novembre 2024
sur les presses
de La Manufacture Imprimeur
52205 Langres Cedex, France

N° d'éditeur : 11143
N° d'imprimeur : 240879
Dépôt légal : novembre 2024